智本论

009 ▶

智本论·转型升级

智本社 著

中国经济出版社
CHINA ECONOMIC PUBLISHING HOUSE
北京

图书在版编目（CIP）数据

转型升级／智本社著．-- 北京：中国经济出版社，2025．5．--（智本论）．--ISBN 978-7-5136-8166-7

Ⅰ．F12

中国国家版本馆 CIP 数据核字第 20254FA718 号

策划编辑　张梦初
责任编辑　高　鑫　戴　瑛
责任印制　李　伟
封面设计　卓义云天

出版发行　中国经济出版社
印 刷 者　北京艾普海德印刷有限公司
经 销 者　各地新华书店
开　　本　710mm × 1000mm　1/16
印　　张　16
字　　数　200 千字
版　　次　2025 年 5 月第 1 版
印　　次　2025 年 5 月第 1 次
定　　价　65.00 元
广告经营许可证　京西工商广字第 8179 号

中国经济出版社 **网址** www.economyph.com **社址** 北京市东城区安定门外大街 58 号 **邮编** 100011
本版图书如存在印装质量问题，请与本社销售中心联系调换（联系电话：010-57512564）

序：追问

在这个时代，提出一个好问题比解惑更为珍贵。

2008年以来，我们经历了什么？金融危机、债务危机、政治民粹运动、经贸摩擦及逆向全球化、新冠疫情大流行、史诗级股灾、供应链危机、生育率断崖式下降及人口危机、国家冲突及战争、能源危机、粮食危机、国际秩序崩坏……世界，正滑入“马尔萨斯陷阱”吗？

每一个大问题都关系到人类的前途和个人的处境。但是，现代人追问能力的退化及网络传播下信息的泛滥，让问题变得复杂与神秘。

金融危机为何爆发，是美联储加息所致还是降息所致？是格林斯潘的问题还是美联储的问题？是美联储的政策问题还是制度问题？是监督制度问题还是全球央行及法定货币制度问题？全球央行及法定货币制度问题的本质又是什么？货币理论是否有问题？

显然，后危机时代，我们并未深刻认识到这些问题，以致金融体系不可挽回地恶化，货币沦为“公地悲剧”。集体行动如何避免“公地悲剧”？国家组织扮演了进步角色还是成为始作俑者？国家为何陷入“诺斯悖论”？

法国大革命后，民族主权国家成为人类进步的重要力量，国家现代化已是大势所趋。在全球化时代，民族主权国家与经济全球化是否会产生矛盾？当下，国家冲突是否与这一矛盾有关？全球一体化的认知是否有误？未来，国家组织如何演变？

为何有些国家经济增长快，有些国家则陷入停滞？为何有些国家的经济增长快但家庭财富增长慢？这种经济增长模式是否可持续？当货币增速长期大于经济增速时，经济将走向何方？当经济增速长期大于家庭收入增速时，经济又将如何演变？

贫富分化是这个时代不可回避的问题。贫富差距的原因是什么？何处存在正当性和不正当性？货币政策是否加剧了不平等？福利主义是否破坏了公平竞争？

人口危机又是一大社会焦虑。生育率下降的合理因素是什么？生育是否是必需品？额外因素是否增加了生育成本？老龄化的问题是养老问题、经济增长问题还是制度问题？通货膨胀、公共养老制度是否恶化了养老问题？

新冠疫情大流行搅乱了这个世界。传染病是不是人类社会风险的一部分？疫情大流行是不是经济全球化风险的一部分？防疫是科学问题还是集体行动困境？科学产生于集体行动还是自发秩序？集体行动的制度变迁与自发秩序的自然演变如何契合？

困惑，亦是我写下百万字且继续写作的动力。长期以来，我追问的线索是经济学的思维，即个人经济行为。不过，经济学“埋雷”无数，同样需要不停地追问。

追问不止，笔耕不息。智本社，与思想者同行。

清　和

2025年4月，深圳

前言

《转型升级》作为“智本论”系列丛书的第九本，以中国经济转型升级为主题。

近些年，中国经济处于历史性转型时期，从过去的高速增长阶段迈向高质量发展阶段。经济发展的关键词从高速增长、城市化、工业化、房地产化、人口增长与经济全球化，逐步变为中速增长、后城市化、后工业化、后房地产化、老龄化少子化、全球地缘政治动荡与人工智能浪潮。

任何经济体的转型升级都充满挑战与机遇，中国经济将如何才能顺利迈入下一个阶段？

全书共分为六章，具体为新质生产力、转型升级、货币政策改革、历史观、他山之石和大家治学。

第一章为“新质生产力”。本书认为，经济增长方式的转变是推动经济转型的关键。中国经济将从数量型增长转向效率型增长，效率型增长依赖于技术创新驱动，本质上是以全要素生产率（TFP）提高为核心的增长方式。这是新质生产力的内涵所在。

发展新质生产力，不仅需要大规模的科研、技术投入，还需要充分发展市场经济，完善有利于要素自由流动的制度体系。本章用两节分析新质生产力的内涵及其对中国经济转型升级的关键作用。其中，《新质生产力：另一种解释》从经济增长理论的角度解释新质生产力及其与中国经济转型的关系。

第二章为“转型升级”。经济转型的过渡时期是新旧动能转换阶段，中国经济将从大类消费走向服务消费，从商品出口走向产业出海，从房地产、基建、制造业投资走向新技术投资，从商业银行、信贷市场走向投资银行、资本市场。本章作为本书的重点，用六小节从宏观、出口、消费、投资、创新和收入六大维度分析中国经济转型升级路径。其中《宏观：需求端扩张，供给端释放》为中国经济转型提供了合理建议；《出口：从商品出口到产业出海》分析了未来中国出海经济的趋势与前景。

第三章为“货币政策改革”。中国经济转型升级需要发展一个能够支持新技术融资与新经济发展的金融市场与金融体制。因此，货币政策与金融系统也需要做相应调整。

本章用三节分析货币政策改革。实际上，中国人民银行（央行）正在推动货币政策体系从数量型调控转向价格型调控，以价格型指标作为货币政策的锚点，更加重视货币政策传导效率与配置效率，更加关注市场的流动性与预期管理。

同时，中国人民银行正在加大购债力度，债市将作为基础货币投放的第二个市场，国债作为央行资产的比重将逐步增加。

第四章为“历史观”。本章用三节回顾过去中国经济转型和经济体制改革的历史，试图从历史的视角为当下中国经济转型提供一些参考。其中，《在经济改革中引入预期管理》提出预期管理的重要性，这也是当下政府稳住宏观经济、提升政策效果的重要手段之一。

第五章为“他山之石”。本章用两小节分析了日本经济长期衰退的历史。其中，《辜朝明与日本大衰退》阐述了野村综合研究所首席经济学家辜朝明的资产负债表理论，及其关于政府该如何提供有效的宏观经济政策的主张。

第六章为“大家治学”。本章分析匈牙利经济学家科尔奈的思想，科尔奈在1980年代初为中国如何从计划经济转向市场经济提供了改革理论，同时对中国经济学界产生了巨大的影响。

目录

他山之石

大家治学

新质生产力

从数量型增长到效率型增长，是中国经济转型升级的方向。

只有提升全要素生产率(TFP)，才能提升经济的内生增长动力，实现效率型增长。这是新质生产力的内涵所在。

发展新质生产力，不仅需要大规模的科研、技术投入，还需要充分发展市场经济，同时构建有利于要素自由的制度体系。

新质生产力：另一种解释

经济学家将新质生产力与全要素生产率挂钩，这个概念有些抽象，非经济学人士可能不太理解。

本文以新质生产力为切入点阐述经济学是如何解释经济增长的，以及未来中国经济增长靠什么。

01
中国经济是如何增长的

说到新质生产力，我们就会想到“旧”的生产力。什么是“旧”的生产力？

我们可以从经济增长理论的角度，看经济学家是如何解释经济增长的。经济史学家安格斯·麦迪森通过计量分析发现，公元第一个千年里西欧经济几乎没有增长。公元400年西欧人均GDP为450国际元[①]，公元1000年反而下降到400国际元（见图1-1），年均复合增长率下降0.01%。麦迪森发现，日本、拉美、东欧、俄国以及中国也属类似情况，第一个千年里世界年均经济增长率为0%。这被称为“千年停滞”，经马尔萨斯解释后被称为“马尔萨斯陷阱”。

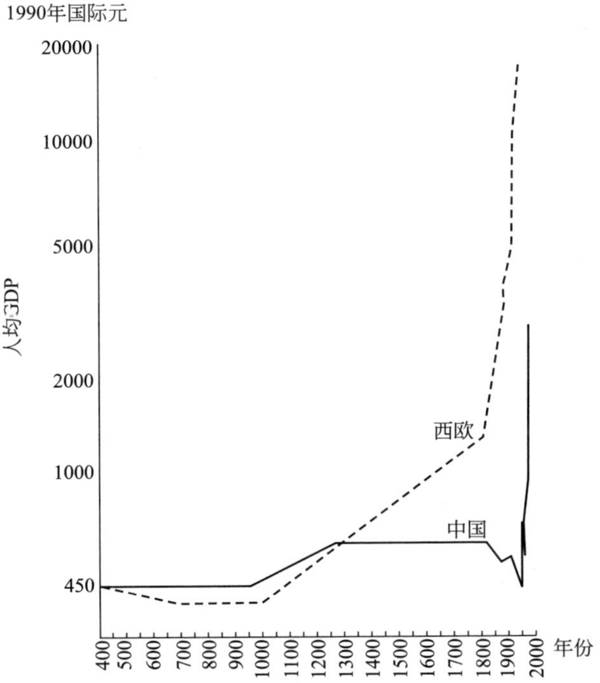

图1-1　400—1998年西欧与中国人均GDP比较[②]

不过，公元第二个千年世界经济逐步增长，尤其1820年后快速增长。西欧率先打破“千年停滞”，经济和人口从1000年开始

① 国际元是多边购买力平价比较中，将不同国家的货币转换为统一货币的方法。

② 麦迪森.世界经济千年史[M].伍晓鹰，许宪春，叶燕斐，等译.北京：北京大学出版社，2003.

增长（见图1–2），到14世纪其人均GDP超过了中国。1000—1820年，西欧年均复合增长率上升到0.14%，世界年均复合增长率上升到0.17%，人均收入提高了50%。

1820年，世界经济开始“垂直”拉升。1820—1999年，西欧人均GDP年均复合增长率达到1.51%；世界人均收入增长了8.5倍左右，世界人口增长了5.6倍左右。麦迪森因此得出与库兹涅茨不同的结论，他把1000—1820年这个时期称为“原始资本主义”时期。

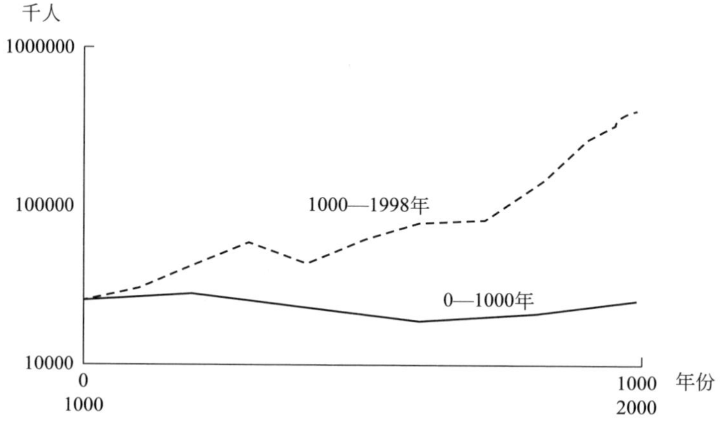

图1–2　西欧人口变化的两千年比较[①]

注：纵轴刻度为对数标准。

大概在十五六世纪，西欧经济（财富）持续增长，冲击着维系了千年的等级社会，平民通过手工业和贸易跃升为富人、新贵，这引起了欧洲贵族学者的关注。后来被称为重商主义的学者，以及魁奈、杜尔哥、休谟、亚当·斯密等学者开始研究财富是什么、是如

① 麦迪森.世界经济千年史[M].伍晓鹰，许宪春，叶燕斐，等译.北京：北京大学出版社，2003.

何增长的，进而催生了现代经济学。亚当·斯密远赴法国考察时，杜尔哥撰写的《关于财富的形成和分配的考察》对其影响很大。回到苏格兰十年后，亚当·斯密撰写了《国富论》，其全名为《国民财富的性质和原因的研究》。

亚当·斯密用劳动价值论解释财富，用劳动分工和自由市场解释经济增长。亚当·斯密之后，大卫·李嘉图、小密尔等古典政治经济学家形成了一套解释经济增长的范式，即资源要素的市场配置。

古典主义经济增长模型探索的是经济增长与劳动力、资本的关系，当时的经济学家从劳动力的增长和资本的积累两个角度来解释经济增长。比如，一家工厂如何提高产出？可以增加工人，也可以增加设备（资本），工人和设备的增加会导致产出扩大。

西欧人口增长和经济增长几乎是同步的。公元第一个千年，西欧人口从2470万增加到2540万，1000年时间人口仅增加70万。公元1000年人口开始增加，到1820年西欧人口规模达1.329亿，其间人口年均复合增长率上升到0.2%。1820年后人口快速增加，截止到1998年，人口年均复合增长率已达到0.6%。

人口大规模增长，其中一个重要原因是死亡率大幅度下降。公元1000年，世界人均寿命只有24岁左右，1/3的婴儿在出生第一年死去。到1820年，人均寿命仅提高到26岁；而到1999年，已达到66岁。

在古代，人口是经济增长最重要"资源"。所谓"人多力量大"，无论是君主制国家，还是宗族、家庭，都在努力发展人口，进而"开疆拓土"。不过，到底是人口增长带动经济增长，还是经济增长带来人口增加，经济学家对此颇有争议。

公元1000年后，随着人口增加，人均GDP上升，这也等价于劳动生产率的提升。那么劳动生产率是如何上升的？

古典政治经济学家的解释是资本的积累。比如，一家纺织工厂有10个人，只有1台设备，此时劳动生产率较低，工厂主赚钱后又购买了9台设备，一人一台设备，劳动生产率便提升了。

早期重商主义者将金银视为资本，发展单向贸易，多出口少进口，赚取顺差积累资本。但是，西班牙的“价格革命”宣告这种保护主义破产。斯密、李嘉图等古典政治经济学家都倡导节俭，主张提高储蓄率，使储蓄转化为投资，最终提高劳动生产率。

此外，古典政治经济学家用劳动力和资本解释经济增长，同时给劳动价值论这门学科的发展埋下伏笔。马克思将劳动力和资本对立起来，并在劳动价值论基础上发展出剥削理论——资本家榨取工人的剩余价值。经济学家们为此争论了100多年。

接下来，我们从劳动力和资本要素的角度，看过去几十年中国经济是如何增长的。

改革开放后，中国经济持续快速增长是市场经济启动与发展的结果，是国内廉价劳动力、土地资源、国际资本及技术，在市场经济的配置下形成的生产高效率，推动了经济增长。

先看劳动力。1965—1975年，中国出现了一波“婴儿潮”，他们正好在20世纪八九十年代成为青年劳动力。同时，数亿农村人口转移到城市，进入工厂工作，成为促进出口和经济增长的重要力量。如今，中国纺织品、服装、箱包、鞋类、塑料制品、玩具、家具七大类劳动密集型产品占国际市场的份额仍达30%左右。

再看资本。中国改革开放早期资本匮乏，20世纪80年代初，港资给我们带来了第一批资本，接着90年代美资大举进入，2001年“入世”后全球资本蜂拥而至，加上国内几十年累积的资本（极高储蓄率）反复持续投入制造业、基建和房地产中，推动经济快速增长。外资大量进入中国，带来了大量先进的设备、流水线，中国在短短30多年内就建立了完整的产业链。

不管是欧美国家，还是转轨国家，劳动力的增加和资本的积累都是其经济腾飞的两大关键要素。美国经济史学家罗斯托提出起飞理论，他认为经济起飞需要具备几个条件，其中包括生产性投资率提高，即生产性投资占国民收入的比例提高到10%以上（依赖于吸引外资和高储蓄率），发展制造业（依赖于丰富廉价的劳动力和土地资源）。

古典政治经济学家对经济增长的解释，可以理解为“传统增长方式”，基于劳动力增加和资本积累的经济增长，同样可以理解为“旧”的生产力。

那么，什么是新的生产力？

02
全要素生产率为何下降

20世纪50年代，美国经济学家索洛使用新古典主义分析框架研究美国经济增长时发现，1909—1949年，资本积累只能解释美国人均产出增长的不到13%，其余部分可归因于其他因素。除劳动力和资本带来的经济增长外，还有额外的“剩余”。这部分“剩余”被称为索洛残余或索洛残差。后来经论证，索洛残差是由技术进步和人力资本增加带来的增长。这部分增长率因此被称为技术进步率。但是，由于技术进步带来的增长与劳动力和资本的投入分不开，因此经济学家通常将其称为全要素生产率（TFP）。

这不难理解。例如，一家工厂在不增加工人和设备的情况下，如何提高产出？一方面，可以培训工人，提高工人的熟练度和技术水平，进而提高劳动效率。另一方面，可以改进设备，提高设备效率。总之，可以通过知识积累、技术进步来提高经济效率。

索洛残差的发现重新打开了研究经济增长的天窗，经济学家开始从全要素生产率的角度研究和解释经济增长。同时，新制度经济学又以制度变迁来解释技术创新。20世纪80年代，罗默、卢卡斯分别提出内生增长理论和人力资本理论，经济增长理论走向成熟。

根据格罗宁根大学的数据，按照固定不变价格测算的美国全要素生产率从1954年开始持续上升，其中60年代和80年代、90年代增长较快，2008年国际金融危机后有所下降。2023年下半年又快速反弹，第四季度生产率折合年率为3.2%，前三季度修正后为4.9%，这可能是疫情期间的设备更新推动了全要素生产率的提升。另外，生成式AI革命可能推动了未来全球全要素生产率的提升。

我们回到中国，为什么现在中国提出新质生产力，重视全要素生产率？

过去，中国经济高速增长是转轨国家的一种特殊事件，接下来经济潜在增速递减是一个趋势。当前，中国处于新旧动能转换、经济转型升级的关键时期。

“旧”的生产力，即前面分析的劳动力增加和资本积累都遇到了挑战。在“人口达峰”后，劳动力数量将持续减少，人口红利逐步下降，劳动密集型产业的竞争优势也将下降，同时人口老龄化、少子化倾向加剧，养老负担增加。

如今，中国不缺资本，反而出现资本过剩。2023年12月末，人民币存款余额284.26万亿元，同比增长10%。全年人民币存款增加25.74万亿元，其中住户存款增加16.67万亿元。由于投资收益率持续下降，市场投资信心不足，家庭和企业大规模储蓄，但极高的储蓄难以转为投资。

另外，自2015年以来，地方政府大规模借专项债和城投债进行投资，开发商大规模借债投资房地产，宏观杠杆率和债务风险偏高。

当前，中国经济需要立新破旧，摆脱高债务的房地产发展模式，提高全要素生产率。经济增长方式从过去的大规模数量积累转向高质量发展，产业结构需要从过去的劳动密集型、资本密集型升级为技术密集型，发展新能源、新基建、新制造、新材料，包括人工智能、生物制药、量子科技、商业航天、低空经济等产业。这就是提高新质生产力的基本方向。

数据显示，2023年全国房地产开发投资同比下降9.6%，占全部投资的比重比上年下降1个百分点，比2021年下降5个百分点；而高技术产业投资同比增速达到10.3%，占全部投资的比重比上年提高0.7个百分点；高技术制造业投资同比增速9.9%，占制造业投资的比重比上年提高0.8个百分点；高技术服务业投资同比增速11.4%，占服务业投资的比重比上年提高0.4个百分点[①]。

2008年以来，中国全要素生产率持续下降。根据格罗宁根大学的数据，1957—1977年，中国全要素生产率年均为-1.25%，改革开放以来，TFP增长由负转正，并有所上升。不过，2008年国际金融危机发生后，全要素生产率没有增长，反而有所下降。首都经济贸易大学陈彦斌教授等测算发现，2008—2022年，中国全要素生产率增速均值为1.2%，相比1978—2007年增速均值下降了1.5个百分点。

为什么中国持续投资新技术、新产业，全要素生产率反而下降？如何才能提高全要素生产率？

需求不足是抑制全要素生产率提升的一个重要原因。

自2008年国际金融危机以来，中国经济开始出现需求不足的问题，不过这一问题为2015—2019年棚改货币化刺激房地产投资和消费大增，以及出口的繁荣所遮蔽。2020年开始，出口经历高增长后下降，国内消费需求不足凸显，民间投资增速下降，产能利用率降低，房地产和制造业产能过剩，市场价格下跌，产出缺口扩大。

数据显示，2008—2022年，中国产出缺口均值为-0.4%，而1978—2007年的产出缺口均值基本为0。在需求不足情况下，大量资本投入，但利用并不充分。2023年，全国规模以上工业产能利用率为75.1%，恢复到2017年的水平，但距离2008年以前的水平还有

① 根据国家统计局发布的数据进行核算所得。

5个百分点的缺口。

投资是延迟的消费，如果缺乏充分的最终消费，大量的投资会导致投资收益率下降，甚至造成浪费，最终无法转化为全要素生产率。

如何提高全要素生产率和新质生产力？

03
如何提高新质生产力

提高新质生产力和促进经济高质量发展，需要转变观念，尊重市场规律，不能为技术升级而投资新技术，为产业转型而投资新产业。除了大量投资新技术、新产业外，我们还需从市场、消费和制度三个方面努力。

一是全面发展市场经济、深度融入全球化。

技术革命，不仅是技术本身、产业本身的革命，而是整个经济系统的革命，是市场相关产业及其密集的技术达到临界点，并在市场经济的有效配置下形成的效率革命。提高全要素生产率，不仅要发展技术产业，还要全面发展市场，发展各行各业，包括文化、娱乐、教育、金融、知识服务等。

先进技术投资是长周期、高风险的投资。谁来投？政府投资也面临这种风险，怎么办？这就需要金融市场。金融市场通过三轮投资以及最终上市给项目提供长期资金，最关键的是金融市场在其中能够有效地分散、转移风险，让企业家专注经营，让工程师专心研发。

金融市场是合约密集型市场，整个市场由无数盘根错节的合约组成，并对相应的权益和责任进行约定。金融市场想要发展，律师、审计、会计、媒体等知识服务市场也必须繁荣。

事实证明，顶尖技术都是全球化精密协作的结果，全球顶尖的技术一定来自国际市场。我们需要深度融入全球化，具体来说，除了商品贸易，还包括金融贸易、技术协作、信息互通、规则共建等。

其实，只要保持资本、人才、信息等跨境自由流通，我们就能够参与到全球技术分工之中，获得先进的技术成果。实际上，现在硅谷不少华人留学生正深度参与AI革命。

二是提高家庭收入、提振家庭消费。

很多人不明白技术创新跟消费有什么关系。经济学家强调怎么把储蓄转化为投资，他们将最终消费视为“消耗”。其实，消费就是对人的投资。所有对物的投资，最终都要通过对人的投资来实现。土地、设备、股票、信息不会产生价值，根本上是通过人的创造提高了要素的价值。

现实中，我们不会看到一个消费低迷却技术顶尖的国家。如果消费低迷，对新技术的需求不足，技术自然无法进步。如果需求不足，企业和政府依然持续大规模投资新技术，定然导致亏损，不可持续，最终抑制全要素生产率。

只有庞大的消费市场才能孕育出新的技术。只有消费繁荣，娱乐、游戏、餐饮、旅游、教育等各行各业才能深入发展，才能推动上游基础科学、原材料技术和高端制造技术的进步。发达的基础科学、原材料技术和高端制造技术成为各类先进技术不可或缺的环节。中国互联网企业一大优势是消费应用，中国需要支持外卖、打车等消费应用，节省用户交易费用，促进消费繁荣。促进消费繁荣就是促进技术进步。当然，消费不等于胡吃海喝，消费也是一种投资，也有亏损，这交给市场个体把握。

提振消费的关键在于提高普通家庭收入。财政支出应该从基建和技术投资转向家庭福利，多用在人身上，少用在物身上。只要家庭收入上升、消费市场繁荣，新技术、新产业便水到渠成。

三是制度改革、思想革新。

技术创新是制度创新和思想进步的结果。如果把制度、思想视为一种市场，那么它们就是技术产业链分工中不可或缺的组成部分。

技术投资需要金融市场融资，金融市场又是契约密集型行业，而契约需要法律保护。我们需要通过制度改革形成一系列完整的法律系统，保护私人产权，企业家的经营权、融资权以及自由。

这就是很多人讲的生产关系。有新质生产力，就要有新质生产关系。什么是新质生产关系？什么样的生产关系才能促进新质生产力？所谓生产关系是由生产资料所有制关系、生产中人与人的关系和产品分配关系构成的。

新制度经济学家认为，没有个人财产权，就没有自由和平等。国家需要通过制度改革构建一整套完整独立的司法体系，尤其是严格的产权制度安排和保护，以确保人（机构）与人（机构）之间的平等与自由，消除压迫、剥削和特权。

同时，个人产权还具有激励性。经济学家周其仁曾在黑龙江农场工作时观察到，当地农民在生产队和在自留地里的行为完全不同，在自留地里“磨洋工”的现象不见了。同样的土地、同样的人，行为为何差异巨大，自留地为何更有效率？

个人产权的激励性来自其根本的合法性。生命权是最初始的个人财产权，身体所延伸之物即劳动所得，自然也是其个人产权。市场是个人初始产权的延伸，国家需要建立独立的司法体系，有效地保护企业家和个人的财产权、经营权。

可见，合法性即激励性，价值观即生产力。

参考文献

[1] 麦迪森. 世界经济千年史[M]. 伍晓鹰，许宪春，叶燕斐，等译. 北京：北京大学出版社，2003.

[2] 陈彦斌，谭涵予. 提高全要素生产率的政策选择[J]. 中国金融，2023（12）：74-75.

[3] 周其仁. 自由何价？——悼念米尔顿 · 弗里德曼[N]. 经济观察报，2006-11-28.

新质独角兽：另一个方向

党的二十届三中全会审议通过的《中共中央关于进一步全面深化改革、推进中国式现代化的决定》（以下简称《决定》）释放了一个重要的信息：中国经济的底层逻辑正在加速变革。

当前，中国宏观经济处于新旧动能转换时期，过去以房地产、城投为代表的债务型数量型增长方式正在远去，潜在增速放缓，自然利率下降，宏观杠杆率高企，有效需求不足，市场预期走弱。中央政府开始严控地方债和房地产风险，发行超长期特别国债，投资新技术、新基建、新产业，提升新质生产力，推动经济高质量发展，试图构建以全要素生产率（TFP）提高为代表的创新型效率型增长方式。

从高速增长到高质量发展，从数量型到效率型，是转型国家跨越中等收入陷阱，通往发达经济体的必然路径，但纵观最近100年全球历史，只有极个别国家完成这一转型。

在时代变迁中，周期性风险与结构性机会并存，当上一个时代红利消失后，房地产、地方城投、创投市场、互联网平台、大类消费纷纷退出风口，高速增长不再，企业、个人或焦虑不安，或内卷竞争，或紧急避险，不知如何适应、迎接下一个时代。

所谓宏观看大势，微观找机会。独角兽企业因其稀缺性及创新力强被视作洞察时代变迁的重要个体，是捕捉新质生产力与高质量发展时代机遇的重要抓手。

本文以独角兽为微观视角，分析近些年创投市场的中观演变，透视中国经济新旧时代切换的宏观变迁。

01
独角兽之问

2024年5月，在济南召开的企业和专家座谈会上，习近平总书记在听到关于创新与投资的发言时追问："我们的独角兽企业新增数下降的主因是什么？"[①]

这被称为"独角兽之问"。

胡润研究院发布的《2024全球独角兽榜》榜单显示，截至2024年初，美国独角兽企业数量位居全球第一，达到703家，较上年增加37家。中国位居第二，为340家，不到美国的一半，较上年增加24家。更值得关注的是，与2022年相比，2023年中国独角兽数量（316家）虽然在全球位居第二，但过去一年新增仅

① 杜尚泽，李建广. 微观察 · 习近平总书记在企业和专家座谈会上 | "看准了就坚定不移抓"[N]. 人民日报，2024-05-28（1）.

15家，同期美国增加179家。

可见，中国独角兽增长放缓、中美之间未来核心技术竞争力差距呈现扩大的趋势，是一个非常值得重视的问题。

所谓“独角兽”，是投资领域定义的一类企业，一般指成立不足10年、估值超过10亿美元未上市的科技类企业。独角兽企业的技术未必是最强的，但其代表着科技创新的活力、方向和前瞻性，反映了一个国家的未来核心竞争力。

为什么独角兽增速放缓？

独角兽成长可谓九死一生，“可能要经过从0到1‘魔鬼之河’、从1到10‘死亡之谷’、从10到100‘达尔文之海’多道生死关卡”。①

这个过程需要创投不断输血，但近些年创投市场不振、投融资下滑、风险事件集中爆发。

清科研究中心的数据显示，2023年中国投资市场共发生案例数9388起，同比下滑11.8%；披露投资金额6928.26亿元，同比下滑23.7%，连续两年下滑（见图1-3）。②如果剔除国资，创投市场的投资份额下降幅度更大。

---

① 彭晓钊．从“独角兽之问”看创投市场资本“耐心”不足难题[EB/OL]. 综合开发研究院，（2024-06-15）[2024-09-30]. https://mp.weixin.qq.com/s/Jrue6CrYSCJMruyTz6QVxQ.

② 清科研究．2023年中国股权投资市场研究报告[J/OL]. 清科研究中心，（2024-02-04）[2024-09-30]. https://mp.weixin.qq.com/s/CfbomK_klau70Ru2VBmK3A.

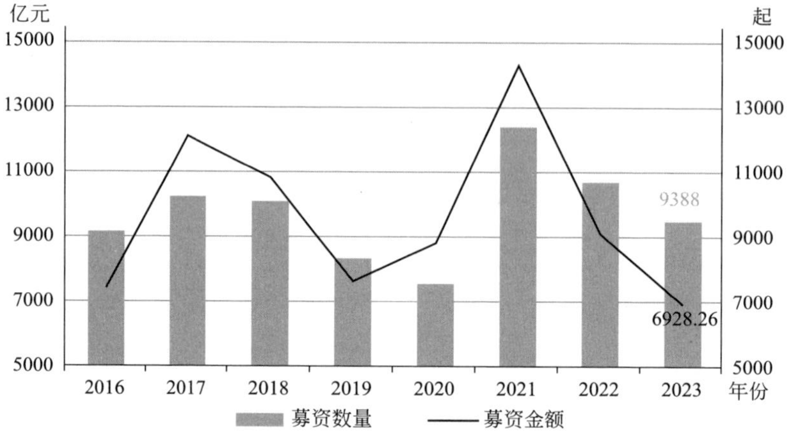

图 1–3 2016—2023 年中国股权投资市场概况

资料来源：清科研究中心。

可见，创投市场全面下滑是独角兽增速放缓的直接原因。那么，近些年中国创投市场遭遇了什么？

我们需要从宏观经济与金融大环境的变迁来看。近些年，全球地缘政治风险和金融脱钩风险上升、金融整治强化和政策不确定性增加、经济潜在增速和投资信心下降等对风险投资、创投市场的冲击较大。

复盘近20年创投市场的历史，可以把中概股集体退市事件作为时间节点（2020年），将创投行业划分为前后两个不同阶段。

2001年以来的全球化浪潮、稳定的中美关系、美联储降息释放大规模的廉价美元资本，以及中国高速增长的宏观经济和大规模廉价劳动力，共同推动互联网独角兽跃升为大型互联网平台。互联网创投和独角兽享受了全球化、资本、劳动力三大时代红利。

这个阶段，是中国创投最好做的时代，当时做得最好的VC

（Venture Capital，风险投资）主要是以红杉资本、软银、IDG为代表的国际风险投资机构，还有中国BAT（百度、阿里巴巴、腾讯）及其相关的创投机构。独角兽概念也是从那个时候开始出现的，最初主要指的是具有潜力的互联网企业，如美团、高德、滴滴打车，如今有些企业已成为大型互联网企业。

然而，2020年前后，随着全球化形势和中美关系大变，两国之间商品、金融与技术贸易冲突加剧，中概股集体退市事件爆发，二级市场风险骤然上升，阿里巴巴、腾讯、美团等港股以及恒生指数快速下跌，随后进入3年漫长熊市。

二级市场风险快速向上游传递，天使投资、风险投资等一级市场迅速萎缩。中概股集体退市事件爆发后，中国企业赴美上市退出的风险大大增加，一些美国和中国的风险投资机构减少了投资，尤其是对互联网项目的投资，创投市场规模下降，独角兽整体增速放缓。

受冲击最大的是国际和国内的风险投资机构，以及互联网独角兽。它们属于纯金融资本，从募资到退出都高度依赖于金融市场。

在国内市场，近些年，监管部门加强金融整顿，提高IPO门槛的同时加大审查和监管力度，2023年“阶段性收紧IPO”，2024年推出“新国九条”，IPO的难度和不确定性大大增加。

清科的数据显示，2023年中国267家具有VC/PE投资背景的本土企业实现IPO，数量和金额同比分别下降24%和36%（见图1-4）。[①]

---

① 清科研究．2023年中国股权投资市场研究报告[J/OL].清科研究中心，（2024-02-04）[2024-09-30]. https://mp.weixin.qq.com/s/CfbomK_klau70Ru2VBmK3A.

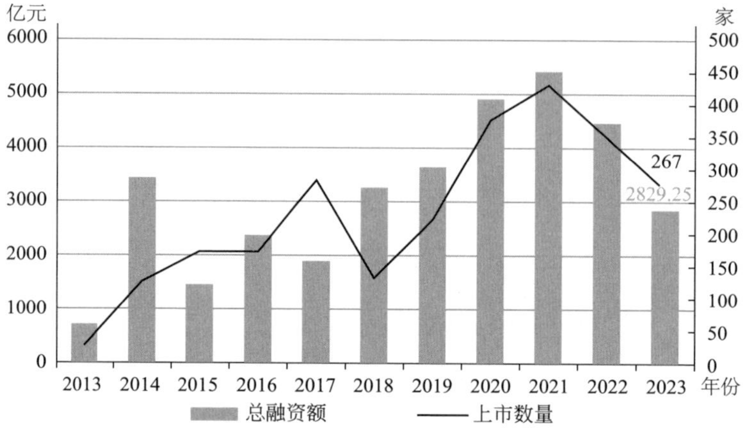

图 1–4　2013—2023 年 VC/PE 支持的中企上市数量及融资额

资料来源：清科研究中心、智本社金融研究院。

由于监管政策频繁变动，投资预期不稳定，IPO 企业大面积撤材料，金融资本、风险投资的避险情绪明显上升。在国际风险投资和民间投资不振的情况下，近些年创投市场主要靠国资“救济”。

财新数据显示，在 2023 年中国新备案的 7000 多只私募股权基金中，尽管国资和政府引导基金 LP（Limited Partner，有限合伙人）数量仅占 1/3，但它们的认缴出资额却占全部 LP 的 70%。①

清科研究院数据显示，2023 年，国资控股和国资参股 LP 合计披露出资占比高达 77.7%，10 亿元以上的人民币基金半数以上由国资背景管理人管理（见图 1–5）。

① 岳跃. 耐心资本何来？[J]. 财新周刊，2024–07–22（29）.

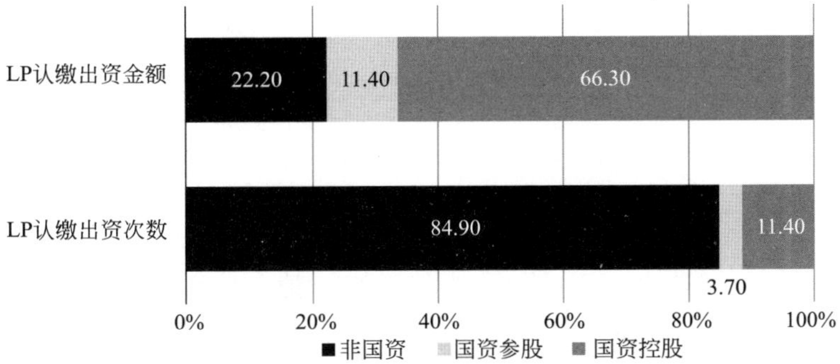

图 1–5 2023 年中国股权投资市场新募人民币基金 LP 属性分布

资料来源：清科研究中心、智本社金融研究院。

然而，随着近年地方政府财政收入下降，土地出让金收入大幅度下滑，偿债压力巨大，同时化债政策严控地方债务扩张，叠加金融市场低迷和市场投资预期转弱，地方国有投资面临巨大的退出压力。前些年流行的地方国资模式也面临收益率下降、流动性紧张、回购纠纷不断和投资风险上升等困境。

据澎湃新闻不完全统计，2023年5月9日至7月23日，深创投共新增了34起诉讼法律服务采购招标案。在34起诉讼法律服务采购招标案中，有30起涉及深创投与被投企业回购诉讼。

从根本上来看，国资的低风险偏好与创投高风险的属性不匹配。政府对国资保本增值的要求高，缺乏容错试错空间，近些年还大幅度增加了审查、考核和追责力度，同时捆绑了不少招商引资、税收增加、产业落地等项目。

02
新质独角兽

在时代变迁中，风险投资市场下滑，独角兽增长放缓，国内外风险投资、互联网创投和国有投资均陷入不同程度的困境，下一个阶段创投的方向和机会在哪里？

为了探讨这个问题，笔者特意对创投市场数据进行了深入分析，以独角兽为指标衡量其投资质量，整理了龙头企业 CVC（Corporate Venture Capital，企业风险投资）机构投资数据（见表 1–1）。

表 1–1　龙头企业 CVC 机构投资数据统计

序号	CVC 机构名称	投资企业总数	可查询企业数量（境内企业）	独角兽类企业	独角兽类企业占比（分母为可查询企业数量）
1	比亚迪	64	64	20	31.3%
2	联想创投	213	206	57	27.7%
3	哈勃投资（华为）	96	96	26	27.1%
4	百度	298	256	62	24.2%
5	阿里巴巴	369	277	57	20.6%
6	小米集团	464	443	88	19.9%
7	TCL 资本	106	106	19	17.9%
8	腾讯投资	1049	820	146	17.8%
9	京东	155	139	15	10.8%

续表

序号	CVC机构名称	投资企业总数	可查询企业数量（境内企业）	独角兽类企业	独角兽类企业占比（分母为可查询企业数量）
10	海尔资本	132	131	14	10.7%

注："独角兽类企业"指符合国标GB/T 41464—2022《高成长企业分类导引》中规定的"独角兽类企业"标准的企业。

资料来源：企查查、智本社金融研究院。

从表1-1中我们可以发现以下重要信息：

在10家龙头企业CVC机构中，有5家投资孵化了超过50家独角兽类企业，分别为联想创投、百度、阿里巴巴、小米集团、腾讯投资。

值得注意的是，投资企业数量（投资规模）最大的是BAT，但是投资独角兽成功率（投资质量）最高的却是比亚迪、联想创投、哈勃投资（华为）三家，分别达到31.3%、27.7%、27.1%。这三家企业实现了"每投资5家企业，至少有1家成长为独角兽类企业"。

如果按独角兽成功率来衡量，近些年龙头企业CVC机构表现最好的是BHL，即比亚迪、哈勃投资（华为）、联想创投，而不是我们过去理解的BAT。尽管BAT的表现也不差，只是无法跟过去经济高速增长时代相比，同时这个数据反映出比亚迪、联想创投、哈勃投资（华为）在高质量发展阶段势头更盛。

在不确定性逐渐增加的时代变迁中，为什么这三家创投企业表现更好？

近些年，国家大力倡导和投资"8大战略性新兴产业、9大未来产业”，而身处“8+9”领域的比亚迪、联想创投、哈勃投资（华为）站在了时代浪潮的前端，获得了更好的市场环境和政策支持。比如，比亚迪属于新能源汽车，联想集团和华为属于新一代信息技术。

除了所处行业因素，更深层次的原因可能有以下几方面：

比亚迪、联想、华为都是拥有深厚产业根基的“链主”企业，它们投资的往往是着眼于服务自身的研发创新和业务创新；它们更有能力识别“硬科技潜力股”，可以从资金、业务、技术等多个维度给予有效扶持，实现“内生外化”；同时，出于自身完善产业生态的诉求，这类龙头企业也有更强的意愿投资孵化与自身业务具有关联性的硬科技中小企业。

作为具有深厚产业根基的“链主”企业，比亚迪、哈勃投资（华为）、联想创投跟被投企业之间往往不是单一的投与被投的关系，而是产业资本与生态资本的融合关系、相互赋能的关系。比如，被投企业可能纳入它们的供应商范围，它们帮助被投企业研发产品和提供技术解决方案，为被投企业产品提供落地场景。

与一般的创投机构相比，它们对IPO和金融市场的依赖度更小，且它们往往是被投企业的技术产品的买方，甚至会主动并购成功孵化的独角兽，将被投企业纳入其生态系统中。

CVC的底层逻辑和纯创投机构不一样。例如，联想有一个“三级火箭”研发体系，联想创投只是三级火箭的一级。联想创投充分利用这一研发体系，组织自己的业务部门、研究院、供应链等团队，与被投企业钛方科技一起成功研发了三合一触控芯片。

同时，近两年监管部门的态度是“积极支持科技型企业上市融资，资本市场赋能新质生产力”，“8+9”领域独角兽IPO的机会大于其他项目。

清科研究院数据显示，在2023年中国企业境内外IPO中，近一半数量的企业、57%的融资额集中在机械制造、半导体及电子设备、化工原料及加工这三个领域（见表1–2）。

表1–2　2023年中国企业境内外IPO数量和融资额行业分布

类型	上市数量（家）	融资额（亿元）
机械制造	88	790.4
半导体及电子设备	61	1099.0
化工原料及加工	42	370.6
生物技术/医疗健康	36	312.0
IT	29	222.0
汽车	25	176.7
清洁技术	17	164.5
食品&饮料	16	121.4
互联网	14	56.8
建筑/工程	12	63.2
能源及矿产	11	151.2
物流	9	69.5
电信及增值业务	7	116.5
连锁及零售	6	65.5
金融	4	46.1
房地产	4	7.6
农林牧渔	2	12.8

续表

类型	上市数量（家）	融资额（亿元）
纺织及服装	2	11.0
娱乐传媒	2	4.7
教育与培训	2	2.8
广播电视及数字电视	1	12.6
其他	9	81.3

资料来源：清科研究中心、智本社金融研究院。

基于以上优势，这类“链主”龙头企业CVC机构在近些年创投市场上逆势增长。为此，笔者进一步深挖了一份“8+9”领域的独角兽清单：龙头企业CVC机构投资新质生产力独角兽类企业统计数据（见表1–3）。

表1–3　龙头企业CVC机构投资新质生产力独角兽类企业数据统计

序号	CVC机构名称	可查询投资企业总数	独角兽类企业	新质生产力独角兽类企业数量	新质生产力独角兽类企业占比（分母为可查询企业数量）
1	比亚迪	64	20	20	31.3%
2	哈勃投资（华为）	96	26	26	27.1%
3	联想创投	206	57	52	25.2%
4	TCL资本	106	19	18	17.0%
5	小米集团	443	88	59	13.3%
6	百度	256	62	29	11.3%
7	海尔资本	139	15	11	8.4%

续表

序号	CVC机构名称	可查询投资企业总数	独角兽类企业	新质生产力独角兽类企业数量	新质生产力独角兽类企业占比（分母为可查询企业数量）
8	阿里巴巴	277	57	23	8.3%
9	腾讯投资	820	146	32	3.9%
10	京东	131	14	5	3.6%

注：“新质生产力独角兽类企业”指同时符合“独角兽类企业”和我国8大战略性新兴产业、9大未来产业范畴、硬科技3个条件的企业。

资料来源：企查查、智本社金融研究院。

我们把“8+9”领域的独角兽定义为“新质生产力独角兽类企业”，可以简称为“新质生产力独角兽”或“新质独角兽”。这个概念对投行市场或许有价值。

通过这份龙头企业CVC机构投资新质独角兽清单，可以发现更多有价值的信息：

在10家龙头企业CVC机构中，投资新质独角兽占比最高的还是比亚迪、哈勃投资（华为）、联想创投，分别达到31.3%、27.1%、25.2%。这三家企业投资新质独角兽的成功率远高于其他CVC机构，可以理解为“新质生产力的火车头”。其中，联想同时具备大规模和高成功率优势，即唯一新质独角兽投资成功率超过25%且数量超过50家的CVC机构。

比亚迪、哈勃投资（华为）、联想创投的投资主要集中在“8+9”领域，它们投资的独角兽数量、成功率和新质独角兽数量、成功率几乎是一致的。不过，BAT的投资主要集中在互联网领域，它们投资的新质独角兽占投资企业数量的比例分别只有11.3%、8.3%、3.9%；占独角兽数量的比例分别为46.8%、40.3%、21.9%。

基于以上优势，这类“链主”龙头企业CVC机构更可能做到“投早投小”。笔者还整理了一份“投早投小”清单：龙头企业CVC机构投资轮次分布数据（见表1–4）。

表1–4　龙头企业CVC机构投资轮次分布数据统计

序号	CVC机构名称	投资企业总数	A轮前投资项目数量	A轮前投资项目占比
1	联想创投	213	85	39.9%
2	小米集团	464	118	25.4%
3	海尔资本	132	29	22.0%
4	TCL资本	106	23	21.3%
5	百度	298	63	21.1%
6	京东	155	27	17.4%
7	阿里巴巴	369	45	12.2%
8	腾讯投资	1049	126	12.0%
9	比亚迪	64	4	6.3%
10	哈勃投资（华为）	96	5	5.3%

注：“A轮前投资”指机构在企业进行A轮融资前的早期阶段注资，涵盖种子轮、天使轮、Pre–A轮等。

资料来源：企查查、智本社金融研究院。

表1–4的数据显示，在“投早投小”方面，联想创投、小米集团、海尔资本3家龙头企业CVC机构表现突出，其中，联想创投近四

成投资项目都是在企业A轮融资前进入。BAT和京东4家互联网企业在“投早投小”方面的表现次之。不过，比亚迪和哈勃投资（华为）虽然拥有“8+9”领域产业根基，但“投早投小”的表现与联想创投差距较大。

究其原因可能是：与比亚迪和哈勃投资（华为）相比，联想创投在全球产业链中扎根更深、全球化程度更高，其七成营收来自海外，本地化经营能力强，创投时间更长、规模更大、专业化程度更高，对其相关领域的全球新技术路线把握更强；同时，其拥有的“三级火箭”研发体系，可以使其提前看准、提前下注，帮助被投企业成长。

综上，可概括为一句话：“从创投的角度来看，押注未来的底层逻辑变了。”

其实，不只是创投。从BAT到BHL，从互联网独角兽到新质独角兽，从传统纯创投到根植于“8+9”的新质创投，我们能够感受到时代正在发生翻天覆地的变化。

03
新底层逻辑

近些年，中国经济的底层逻辑正在加速变革。

1990年开始，经济全球化一日千里，互联网和信息技术日新月异，投资银行迅速崛起。2001年后，中美关系快速增进，两国贸易飞速发展，美联储降息刺激大规模廉价美元资本进入中国，美国跨国公司大举投资中国制造业和互联网，带来了200多年欧美积累的工业技术和最新的信息技术，催生最早一批互联网独角兽。2014年后，全球和中国经济出现金融危机刺激后遗症，经济增速放缓，产能严重过剩，PPI持续下跌，中国启动新一轮刺激政策，发行大量地方专项债、城投债，设立抵押补充贷款支持棚改货币化，大力开发土地、投资基建和房地产，三大部门的杠杆率、房地产泡沫、城投债和开发商债务风险迅速上升。

复盘中国1990—2020年经济历史，这是国家转型的经济沸腾期，其增长模式主要依靠要素资源累积形成的数量型增长，后期叠加债务型增长。具体来说，依靠国际转移的现成技术、低利息时期的廉价美元、中国规模庞大的廉价劳动力和消费群体，以及以土地为抵押的信贷资本、通过债务货币化形成的海量金融资本，这些规模庞大的要素在市场与政府的共同作用下实现了经济腾飞并带来了债务累积。

2020年，新冠疫情暴发，标志着这轮全球化已经终结。世界正在进入更复杂的全球化形态，国际地缘政治冲突加剧，政治、经济、贸易、金融、能源、技术和价值观出现大分野、大分裂，中美关系逆转，各自构建护城河，纷纷向内求解。

在国内，中国宏观经济处于新旧动能转换时期，过去债务型数量型增长方式动能愈加乏力，房地产、城投（基建）正在压缩泡沫、去杠杆、降风险，政府倡导新质生产力，推动高质量发展，试图通过供给端突破构建新的增长模式，即以全要素生产率（TFP）提高为代表的创新型效率型增长方式。

党的二十届三中全会审议通过的《决定》释放的一个明确信号是：供给端突破，而非需求端。

过去，需求端（投资需求）刺激造成盲目、低效和加杠杆追求规模的投资惯性，埋下地方债、开发商债务等巨大的债务风险隐患，提前透支了投资、消费与经济增长潜力。所以，在《决定》中，政府并未提出大规模基建刺激计划，对房地产风险和地方债务的控制依然很严格。

政策的明确指向是，新动能来自供给端、“8+9”产业端，试图通过集中投资新技术、新产业，支持BHL等“链主”企业发展，带动一批新质独角兽“跑”起来，解决外部“卡脖子”问题，增强经济内生增长动力。

《决定》提出：“建立未来产业投入增长机制，完善推动新一代信息技术、人工智能、航空航天、新能源、新材料、高端装备、生物医药、量子科技等战略性产业发展政策和治理体系，引导新兴产业健康有序发展。”

政府正在集中和动员社会资本，包括国有资金和民间资本，投资“8+9”核心技术领域。

《决定》提出，“推动国有资本向关系国家安全、国民经济命脉的重要行业和关键领域集中，向关系国计民生的公共服务、应急能力、公益性领域等集中，向前瞻性战略性新兴产业集中”，“支持有能力的民营企业牵头承担国家重大技术攻关任务，向民营企业进一步开放国家重大科研基础设施”。

数据显示，2024年上半年，在固定资产投资中，制造业投资同比增长9.5%，远高于房地产（–10.1%）和基建投资（5.4%）（见图1–6）。在制造业中，高技术制造业投资同比增长10.1%。其中，航空、航天器及设备制造业投资增长38.3%，计算机及办公设备制造业投资增长12.1%，电子及通信设备制造业投资增长9.9%。另外，高技术服务业投资同比增长11.7%。其中，电子商务服务业投资增长24.1%，科技成果转化服务业投资增长17.4%，研发与设计服务业投资增长14.4%。

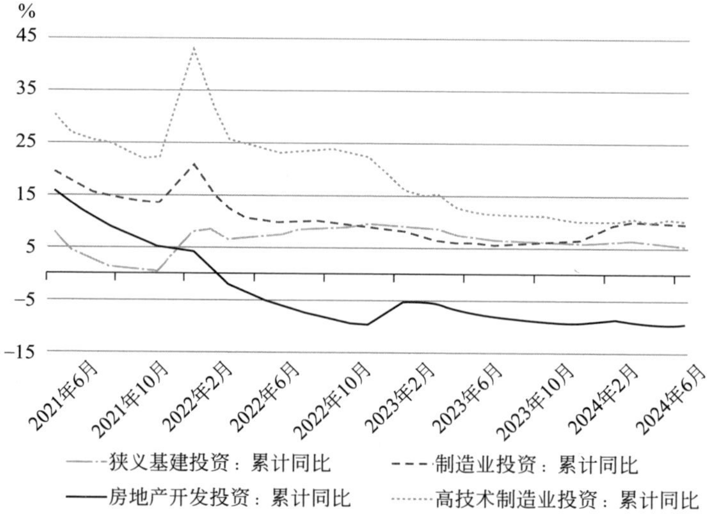

图1–6　固定资产投资：三大产业和高技术制造业投资情况

资料来源：iFinD、智本社金融研究院。

政府实施财政、货币和产业政策，将资源投入核心技术领域。财政政策方面，《决定》提出财税改革，将消费税下移到地方，目的是稳定地方债务风险的同时上收财政权，支持中央政府发行大量超长期特别国债，用于投资加快实现高水平科技自立自强等国家工程。

货币政策方面，央行将直接购买国债支持中央政府融资，银行贷款支持科技金融、绿色金融、普惠金融、养老金融、数字金融“五大篇章”。

可见，中国正在进入押注技术产业和押注“8+9”的时代。

同时，《决定》还提出：“鼓励和规范发展天使投资、风险投资、私募股权投资，更好发挥政府投资基金作用，发展耐心资本。”

在押注“8+9”的时代，创投该如何投？

对此，《决定》至少表达了两个含义：一是投资“8+9”领域；二是发展长期投资、耐心资本。

“耐心”是一种主观评价，也是一种投资取向。过去，CVC机构根据财务回报、风险等来安排投资期限和退出时机，不存在“耐心”的要求。但是，今时不同往日，政府需要的是“耐心资本”，鼓励“投早、投小、投久、投硬科技”。

这次“耐心资本”的提出，目的是配合超长期国债的发行，支持国家战略性工程投资。像养老金基金、国家主权基金等国家基金属于典型的“耐心资本”。

除了国家基金外，民间资金是否存在耐心资本？

在过去经济高速增长时代，美元融资成本低，全球金融政策宽松，国际VC也可以成为“耐心资本”。也即，金融市场越发达，流动性越强，预期越好，耐心越足。最典型的案例是南非报业投资腾讯。经济高速增长时代，资本流动性强，国内外CVC机构培育的是具备规模经济的互联网独角兽和平台型企业。

当中国经济从高速增长向高质量发展切换时，国内外VC机构不知所措，而深耕“8+9”领域的“链主”企业，它们的投资取向跟当前政府更为接近。由于高质量发展押注“8+9”，比亚迪、联想创投等“链主”企业VC，面对的政策稳定性更强，投资预期更好，同时它们具备更强的抗风险能力，成为了新的“耐心资本”。高质量发展时代，资本具有高集中性，“8+9”“链主”VC培育的是新质独角兽。

当然，我们不能把互联网列为旧动能。过去中国互联网，既有技术创新增长，也有依靠资本累积、人口红利的数量型增长，最终形成了庞大的消费端应用平台。当资本、人口与全球化红利消失后，互联网需要向纵深领域投资AI等人工智能技术，实现效率型高质量增长。

此外，需要注意的是，中国经济走向高质量发展的最大挑战依然是有效需求不足，投资需要警惕外部技术“卡脖子”、内部产能过剩的风险。从根本上来讲，需要大力发展市场经济，创造更宽松的创业、营商、投资环境，大幅度增加普通家庭收入和社会保障。

转型升级

中国经济正处于新旧动能转换阶段。需要从大类消费走向服务消费，从商品出口走向产业出海，从房地产、基建、制造业投资走向新技术投资，从商业银行、信贷市场走向投资银行、资本市场。

任何经济体的转型升级都充满挑战与机遇，中国经济需要在需求端更多地扩张，以提高居民购买力，在供给端更多地释放，以提高经济活力。

宏观：需求端扩张，供给端释放

当前，中国正处于时代切换的关键时期。

中国正在从过去的高速增长、工业化、城市化、债务扩张、房地产大涨和人口增长时代，进入高质量发展、后工业化、后城市化、控制债务、房地产出清和人口下降时代。政府试图推动经济增长由依靠债务型数量型增长方式向以全要素生产率（TFP）提高为代表的创新型效率型增长方式转型。

在这个切换的过程中，经济增长需要解决的核心问题是有效需求不足，具体表现为居民收入和购买力不足，债务负担重风险高，通货膨胀率持续低迷，资金流动性明显下降，房地产出清艰难，民间投资能力、信心以及预期不足。这也被界定为“新旧动能转换存在阵痛”。

那么如何降低阵痛？如何成功转型？

当前，不少经济学家认为，应该加大宏观政策的刺激力度，以提振总需求和价格水平。但是，决策部门似乎对需求端刺激保持谨慎，降息速度缓慢以至于实际利率维持高位，财政扩张力度低于预期，总需求未见改善。

本文从“国家市场理论”出发，分析经济下行周期政府在需求端、供给端分别该做什么、怎么做。

01
需求端扩张：国民收入倍增计划

当经济下行时，政府该做什么？

古典自由主义主张让市场去调节，政府什么也不用干，不要阻碍市场出清；凯恩斯主义主张逆周期调节，政府加大支出，扩张财政和货币，提振总需求，带动民间消费、投资增长，使得预期和价格回升，从而熨平经济周期。如今，大部分经济学家都将二者融合，认为在经济下行时，政府不能袖手旁观，但也不能过度借债和胡乱干预。

笔者的主张是：在经济下行时，政府在需求端扩张，降低实际利率，增加财政支出，聚焦于居民增收，保护家庭和企业的资产负债表。

这一主张表面上看是凯恩斯主义，本质是自由主义，属于表里合一。与古典自由主义不同的是，笔者把国家作为内生变量来处理。

笔者提出的“国家市场理论”认为，国家是一种对冲市场（尽管不充分），政府类似于大型保险公司，在国家战争、自然灾害、经济危机发生时提供安全保障和风险对冲。

当经济增长时，政府财政与税收收入增加，国家信用与债务扩张能力增强，政府的宏观政策应该收缩与稳健，央行顺应自然利率上升而加息，财政部获得更多税收的同时减少债务扩张，社保基金积极投资赚取更多收益，为经济衰退时期积累信用与储备空间。

当经济衰退时，政府财政与税收收入减少，国家信用与债务扩张能力下降，但因经济增长期积累了国家信用，此时国民大量购买国债避险而使得政府的融资能力大大增强，政府的宏观政策应该扩张与积极，央行顺应自然利率下降而降息以压低实际利率，财政部在前期信用积累的基础上叠加此时利率低需求旺而扩张债务，加大财政支出，社保基金在前期收益积累的基础上增加失业等保险的支出，通过增加居民收入来提振经济、熨平周期。可见，经济萧条是国家对冲市场的牛市，政府自然地逆势扩张业务。

从对冲市场的角度理解政府的逆周期调节完全合乎自由主义的逻辑。政府类似于大型对冲基金、保险公司实施逆周期调节，在经济上行周期为国民储备粮食和积累信用，在经济下行周期为国民提供风险对冲和安全保障。

国家对冲市场同样受到价格的约束，政府如大型对冲基金一样不能过度借债，央行不能过度发行货币，国债和利率价格将约束政府的行为。在充分自由竞争的金融市场、自由利率和汇率市场中，价格对政府行为的约束更有效。在相反的环境中，政府因软约束而容易过度发债、过度发行货币以及过度集中资源。

在国家对冲市场中，政府部门的支出就是私人部门（家庭和企业）的收入。美国就曾实行大规模借债支出，国债规模达到35万亿美元；借债支出转化为私人收入，美国养老金规模达到38万亿美元，几乎等同于国债规模。

在经济衰退时，政府扩大支出，相当于直接增加私人部门的收入。例如，政府减免企业所得税、个人所得税，把财政收入直接转移到企业和家庭部门。如果财政收入不是来自税收，而是来自国债融资，那么政府部门通过借债的支出，既是私人部门的收入，也是私人部门的负债——国债，最终还要靠国民的税收来偿还。

大卫·李嘉图在《政治经济学及赋税原理》（1817）中提出一种推测：在某些条件下，政府无论用债券还是税收筹资，其效果都是相同的或者等价的。这被称为“李嘉图等价定律”。

兰德尔·雷在《现代货币理论》（2017）中提出，货币是一般性具有代表性的记账单位，并认为主权政府债券的出售与货币政策操作功能对等。言下之意，政府扩大支出，只需要扩张货币即可，而不需要费事发行国债。笔者将其称为“兰德尔·雷等价定律”。

本质上，发行国债与增加税收、发行货币没有区别。在2008年之后的两次逆周期调节中，美国财政部与美联储的政策组合都符合这两个等价定律。但是，在实际操作中，发行国债与实施税收政策、货币政策的效果和影响差异很大。

不管启用何种政策，方向和目的应该是一致的：政府扩大支出，增加国民收入。

当前，政府应该快速启动国家市场的对冲机制和保险功能，加大财政政策和货币政策的扩张力度。

2024年7月30日，中央政治局会议提出，“宏观政策要持续用力、更加给力”，“及早储备并适时推出一批增量政策举措”。同时，提出扩大内需，强调经济政策的着力点将更多转向惠民生、促消费，多渠道增加居民消费，把服务消费作为消费扩容的重要抓手。

理论上，政府部门支出扩大，就等于私人部门（企业和家庭）收入增加。有人质疑，过去政府大规模借债支出，但居民部门的债务却也大幅度增长。其中，存在三个问题：一是政府部门支出反馈到私人部门的收入上是不均衡的、结构性的；二是居民部门也在扩张债务（房贷38万亿元），所以银行部门的收入在增加〔居民部门的负债（贷款）就是银行部门的资产〕；三是政府大规模支出带动形成巨大的产能（基建、房地产和制造业），而普通家庭收入不足和过度借债，导致需求不足、产能过剩。

上一阶段，中国经济增长模式是“强投资、强出口”模式，这是一种资源累积型增长模式。当欧美国家的技术与资本转移红利下降，国内人口老龄化少子化加速，以及国际贸易关系紧张时，经济潜在增速自然下降，同时伴随着投资过度带来的产能过剩和债务风险。

下一阶段，中国从过去的经济高速增长进入高质量发展阶段。辜朝明在《被追赶的经济体》（2024）中将其定义为“跨越刘易斯拐点的黄金时代”。他认为，黄金时代是工人阶级的时代，由于劳动力供应减少，对劳动力的需求上升会推高工资增长，收入差距自我修正，随着居民购买力提高，企业扩大产能、提高利润，经济的供给和需求、消费和投资都较为强劲。

但是，辜朝明所提观点的前提是居民有积累且保持收入增长，进而推动劳动力需求的增长。如果居民收入不足、债务负担重，尽管劳动力供给减少，需求下降的速度可能超过供给，那么居民收入不仅不会增长反而下降，失业率还可能上升。

所以，高质量发展，不仅仅指的是科技高质量，本质上更应该是国民收入与生活的高质量。只有居民收入增长、购买力增强，才能提升对科技产品的需求，在人口老龄化背景下，才能迎来黄金时代。

接下来，政府扩张货币与财政政策应该直接增加居民收入，建议实施“国民收入倍增计划”。

20世纪50年代，日本政府集中和动员财政、金融与民间资本大规模投资，推动经济快速增长，但是居民收入跟不上经济增速，以至于出现产能过剩、持续性风险。1960年，日本池田勇人内阁宣布实施“国民收入倍增计划”，试图通过居民消费增长来带动经济增长。这一计划效果显著，1960—1967年，日本国民生产总值实际年平均增长率达到11.6%，而国民收入跟上GDP增速，达到11.5%，7年增长了一倍。日本家庭在20世纪六七十年代迎来了一轮消费革命，普及了汽车、彩电和空调三大件。

日本政府正好在日本经济景气周期实施该计划，而中国当前处于经济减速周期，需要加大财政逆周期调节力度，政府可以围绕着“国民收入倍增计划”而实施财政和货币政策。

货币政策方面，央行应加大降息力度，压低实际利率，降低融资成本和债务负担，尤其需要尽快降低存量房贷利率，以减轻家庭部门的偿付成本。新房按揭贷款利率快速下降，但存量房贷利率的

"黏性"很强，这不利于家庭降债务、促消费。

一些经济学家讨论，面对通胀率过低的问题，央行应该效仿欧美日央行把通胀率设定在2%作为刚性政策目标。这可以促进央行进一步降息刺激需求，最终提振流动性和通胀。通胀也是现代央行价格型调控最重要的两大目标之一。但是，需要注意的是，央行不能为了通胀而通胀，推动通胀的前提是提振居民收入，只要居民收入上涨，通胀率自然回升。

央行可以推动人民币适度贬值。随着经济潜在增速下行，人民币汇率也将下降，人民币贬值可以促进出口和吸引入境旅游，增加国内厂商和居民收入。

货币政策管总量，财政政策调结构，财政部门应当发挥更大的作用。中央部门应进一步加大国债融资和财政支出，支出方向从财政投资转移到家庭部门增收上，具体措施包括：

一是采取"节流补贴行动"。中央部门将节省过剩的基建投资和公共开支直接补贴给居民，无差异地一次性发放规模1万亿元以上的现金或现金类消费券（减少使用限制）；针对深圳、广州等大城市，地方政府以保障房租金补贴取代保障房，划拨一部分保障房建设资金用于发放保障房租金补贴消费券，符合条件的居民每月每户发放1000~3000元，连发2年，以减轻保障房建设周期长、轮候时间长的压力，直接有效地提高居民收入；地方政府针对持有存量房贷的家庭，按比例发放房贷补贴消费券，每月发放，连发12个月，通过财政补贴给存量房贷"降息"，减轻居民债务负担。

与财政投资基建相比，财政资金可直接转移支付给普通居民，普通居民因边际消费倾向高而消费转化经济产出更快，财政支出乘数更高，政府税收收入增加更快，流动性提升更有效，市场信心和预期改善更明显，经济提振的效果和内生增长动力更牢固更持久。

二是启动“国资国民保障计划”。设立国资全民分红基金和国有土地与住房保障基金。

中央部门可考虑设立国有资产全民分红基金，划拨30%~50%国有股权进入该基金。国有资产全民分红基金通过资本运作、全球投资获利，收益充实社保基金；同时大幅度提高农民的养老金额度，大幅度提高失业金额度，帮助低收入家庭、失业家庭对抗当下的养老和失业风险。

过去20多年，国有资产持续增值。2017—2021年，全国企业国有资本权益年均增长14.6%，金融企业国有资本权益年均增长11.8%，行政事业性国有净资产年均增长20.3%。

烟草央企利润上缴比例为25%，石油、电力、电信、煤炭等央企仅为20%，地方国企实际上缴比例较低，低于上市公司的平均分红率。建议提高国企、央企的利润上缴比例，用于充实社会保障基金。

地方政府可考虑设立国有土地与住房保障基金。在全球范围内，很少有国家能够像中国一样拥有庞大的国有土地资产。新加坡政府利用国有土地为85%的国民提供了公共住房，其中约94%是自有住房。中国拥有大量国有土地可为国民提供大量的保障性住房。

过去，中国发展商品房经济，地方政府通过土地拍卖获得大量的土地出让金收入。接下来，为了解决长期困扰广大家庭的居住难题，建议各个城市设立国有土地与住房保障基金，将当地的国有土地纳入该基金。国有土地与住房保障基金收入的50%（土地出让金收入、经营性收入）用于当地建设或保障房建设、发放租房补贴和住房贷款贴息。

英国经济学家、凯恩斯的学生詹姆斯·米德在其著作《经济分析与政策导论》（1936）中提出了社会分红的构想。他写道："国家从投入社会化企业的资本和土地获得利润。它可以将利润的一部分作为社会分红分给消费者，将另一部分作为对社会化企业的再投资。"

米德又在《消费者信贷和失业》（1938）一书中明确将直接分给每个公民的"社会分红"作为"反周期"的政策工具，称其还能在经济萧条时期起到扩大消费的作用。美国政府在疫情期间已将这一构想付诸实践，效果显著，这种货币政策接近现代货币理论，财政政策接近新剑桥学派/后凯恩斯主义。

国有资产是国民长期储备的重要资产，是国民压舱底的资产，应该在经济衰退和老龄化阶段启动其对冲机制，用于对冲国民的失业、养老、住房等风险以及保障民生。

综上所述，国家是一种对冲市场，当经济衰退时，政府应启动保险机制，需求端扩张财政与货币，直接增加国民收入，保护家庭资产负债表。

02
供给端释放：改革开放深化计划

当经济下行时，政府在供给端能做什么呢？

经济学历史上，法国经济学家萨伊最早从供给端思考经济增长，他提出“供给创造需求”的理论，被定义为“萨伊定律”。这一理论更多强调的是市场自我调节机制，认为生产活动会自动产生需求，从而避免生产过剩的情况发生。

熊彼特的经济周期理论认为，在经济萧条时期，企业家通过创新的方式寻求突破，提高产品质量，降低产品价格，从而推动经济复苏。熊彼特的创新理论更深刻地诠释了供给端创造推动经济增长的逻辑，即技术创新创造新需求。

但是，1929年“大萧条”爆发后，萨伊定律遭遇挑战。在“大萧条”时期，由于收入分配不合理和过度借债，家庭部门的有效需求不足，债务出清艰难，价格持续下跌，企业难以在供给端通过技术创新、降低价格来提振需求。凯恩斯提出，政府需要逆周期调节，主动扩张财政来提升总需求。

此后，主流经济学家普遍认为，政府负责需求端，企业负责供给端，二者逆周期、顺周期相互配合。

不过，20世纪五六十年代开始，以道格拉斯·诺斯、科斯、威廉姆森为代表的新制度经济学家从个人收益最大化的角度重新定义了国家。他们认为，国家存在的目的是提供一整套交易制度，降低交易费用。他们的主张包括：政府应致力于制度改善、降低交易费用而非宏观干预；制度具有决定性作用，产权制度安排和制度创新促进技术创新。

新制度经济学为政府在供给端开创了空间，即政府在供给端致力于制度创新，明确和保护产权，降低交易费用，促进资源要素流通，进而促进技术创新。

在里根政府时期，以蒙代尔、拉弗、万尼斯基为代表的供给学派崛起，他们提出“回到萨伊”的口号，主张：大幅度降低所得税税率，以增加居民收入，提高企业投资能力；取消政府对航空等领域各项管制和价格干预，增加劳动力、商品与资本的流通；控制货币增速；削减政府赤字和社会福利支出。里根政府打着减税的旗号上台，将一批供给学派的人士引入财政部，启动供给侧改革，实施减税政策，废除各项管制。1983年，美国经济开始迎来景气周期。这被认为是里根改革的成果。

美国人创造了具有竞争力的国家制度，吸引全球优秀人才加盟并创造价值，从而支撑其国家信用与美元的强劲。

笔者的国家市场理论认为，国家是一种对冲市场，政府类似于大型保险公司在需求端具备对冲功能；同时，与大型保险公司、一般性企业一样，政府在供给端具备创造功能。企业通过产品创新（技术、工艺、设计与管理）来创造新需求，而政府的产品就是“公共用品”（国家制度、社会保障、法定货币等），政府可以通过制度创新来提高公共用品的价值。

对于政府来说，需求端刺激对冲风险，供给端创造带来增长。

当经济衰退时，除了扩大需求端，政府能在供给端做什么？

2015年，中国经济下行压力大，全球刺激政策效应边际递减，上游原材料和房地产库存高，PPI持续下跌，国企利润下降、负债攀升。中国启动供给侧结构性改革，目的是去库存、去产能、去杠杆。一方面在上游压降产能，另一方面在下游刺激需求，即棚改货币化刺激房地产。

央行特设抵押补充贷款，2015—2019年提供了3万亿元左右支持棚改货币化；地方政府开始发行专项债、一般债，每年三四万亿元，其中60%的专项债投入基建中；同时地方城投企业举债继续大规模扩张，大量用于土地开发。

这轮房地产刺激计划，集中和动员了资本大规模投资土地与房地产，成功地帮助上游国企去库存、去产能、去杠杆，刺激经济复苏，但也推动了房地产泡沫、居民负债率和宏观杠杆率攀升。

这轮供给侧结构性改革，与我们前文所说的供给端创造关系不大，更多的是从需求端刺激。

2020年之后，宏观政策转向降风险、去泡沫、压杠杆，严控房地产开发企业贷款和地方债务扩张，房地产市场全面下滑。对于需求端的政策，政府开始保持相对谨慎的态度，强调“不大水漫灌”，降息力度低于预期，限制地方政府举债投资，对赤字率控制比较严格，为后期应对内外部不确定性保留政策空间。

所以，在党的二十届三中全会的《决定》中，政府并未提出大规模基建刺激计划，对房地产风险和地方债务的控制依然严格。如今，宏观政策的指向非常明显，试图在供给端通过大力投资“8大战略性新兴产业和9大未来产业”，实现“双突破”——外部“卡脖子”、内部新旧动能转换。可见，中国正在进入押注“8+9”时代。

但是，这轮供给端政策跟上一次类似，依然是需求端，不同的是，之前投资房地产，如今投资“8+9”领域。很多人认为，新技术、新产业投资是真正的供给端突破。技术创新固然重要，但是，技术创新来自哪里？

技术创新有两个非常重要的条件：一是上游的制度创新；二是下游的有效需求。政府需要通过供给端的制度创新来解决结构性问题，通过需求端扩张来解决周期性问题。

前文分析了需求端，下面我们重点讲供给端，而且需求端的问题根本上也必须从供给端来解决。

当下，有效需求不足的深层次原因是什么？

中国是一个积极寻求改革转型的国家，在转型过程中，经济转型步伐快，制度不匹配不平衡导致经济结构性问题，进而导致居民收入占GDP比重较低，使得有效需求和内生增长不足。

当前，国民经济体系中存在一些结构性问题：

一是投资与消费结构性问题。投资率过高，消费率过低，大量资本用于基建、房地产和制造业投资，产能过剩，内需疲软。

二是社会保障体系的多元结构。体制内养老金高，农村养老金低，失业金低，抑制了低收入家庭和失业家庭的消费。

三是农村土地与城市土地的二元结构。农村土地无法流转，土地升值，农民的财产性收入不足，影响农民增收和农村经济发展，同时城市土地价格大幅度上涨，推高了房地产价格，增加了城市居民的购房、租房成本和房贷负担，削减了消费和投资能力。

四是农村与城市的社会福利二元结构。农村教育、医疗、住房和养老的福利不足，同时城市内部的分化也比较严重，大量公共用品与城市商品挂钩。

五是金融体系的二元结构。直接融资、投资银行占比低，间接融资、国有商业银行占比高；大量信贷资源投放到国有企业，民营企业融资难，信贷投放不均衡导致流动性下降。

政府可以制订详细的改革开放深化计划（改革清单），实施各项制度改革，降低交易费用，尤其是制度成本和税收成本，提高资源要素的流动性。

一切危机都是流动性危机。只要人口、货币、资本、信息、技术、商品、土地等保持流动性，经济增长不是问题。如果人躺平，货币窖藏，资本避险，信息封闭，技术制裁，土地和房地产冻结，那么资源配置效率和经济增速会迅速下降。其中，货币窖藏和资本避险在金融加速器的作用下可能导致流动性枯竭和“债务—通缩螺旋”。

反过来，政府可以在供给端取消限制性制度和干预政策，释放市场活力，提振市场流动性。

金融市场：推动央行制度改革，从数量型调控向价格型调控转型，采纳泰勒规则，以短期利率为中介目标，以失业率和通胀率为两大最终目标，建立以通胀率2%为目标的操作规则，短期内把提振通胀率作为施策目标；推动金融制度改革，打破行政垄断，引入市场竞争，逐步推动利率市场化、汇率自由化以及商业银行市场竞争，大力发展股票、债券直接融资市场和投资银行，改变以间接融资、商业银行为主的金融市场格局，提高资本配置效率和市场流动性；推动股票市场和债券市场改革，把定价权交给市场，让投资者决定股票、债券的发行、交易与价格，增加政策稳定性，降低创投和IPO的不确定性，加大金融对技术创新的支持力度。

资源型、基础服务型市场：打破石油、电力、电信等行政性垄断，引入自由竞争，向全社会开放，民间可以投资，个人可以就业，全面提高资源型、基础服务型市场的效率，降低成本。

农村土地市场：进一步明确农村土地的个人产权，取消农村土地的流转限制，让资本、技术、人才流入农村土地市场，推动农村土地价格上涨，提高农民的财产性收入，提高农业技术水平，提高农民的经营性收入。

新技术市场：减少对低空经济、人工智能等新技术领域的限制，在提高信息透明度和加强国民监管的前提下，推动低空飞行、无人驾驶汽车等先进技术的投放和应用；同时，政府应积极解决新技术推广应用可能带来的结构性失业等问题，为技术性失业者提供补贴和岗位培训。

大类消费市场：建议全面取消北上广深的房地产限购，激励高收入家庭增加房地产的购买和投资，以降低房地产市场全面下滑对宏观经济的拖累；全面取消北上广深的汽车限购，降低购车成本，充分释放购车需求，提振汽车市场，减轻库存压力。

服务消费市场：大幅度减少对教培、娱乐、网游、媒体、网络视频等市场的限制，包括经营许可限制、设计版号限制等，加大正面宣传和产业声誉引导，塑造宽松的舆论环境和经营环境，支持教育、娱乐、网游、媒体等服务业发展。

供给端制度改革还包括财政税收、社会保障等，以及更重要的司法、行政等国家制度的改革，在此不再一一列举。

概括起来，针对短期周期性问题，需求端启动国家对冲机制，应聚焦于国民增收，推行国民收入倍增计划，旨在保护家庭资产负债表，帮助国民对冲风险；针对长期结构性问题，供给端启动国家创造机制，致力于制度改革，推动改革开放深化计划，旨在释放经济活力，增强经济内生动力。

最后，我们不能忽视的是，国家存在的根本目的是保护国民的权利、自由、福祉以及人的多样性。

出口：从商品出口到产业出海

当前，中国企业正处于两个阶段的切换期。

中国经济正从高速增长阶段进入高质量发展阶段，即从过去高增速、工业化、城市化、房地产化、人口增长、出口高增长和全球化的阶段，转向中低增速、后工业化、后城市化、后房地产化、老龄化、谋求产业出海和技术创新以及地缘政治风险加剧的阶段。

近几年，这两个阶段切换遭遇艰难的挑战，内部处于新旧动能转换阵痛期，外部处于从出口经济转向出海经济的关键期。

在2024年10月30日的中国企业高质量出海论坛上，清华大学经济管理学院院长白重恩从宏观的视角分析了中国企业出海。白院长认为，当前中国投资回报率持续走低，国内内卷非常严重，同时出口变得越来越困难，我们需要“走出去”。

中国企业为什么要出海？其背后的经济逻辑是什么？出海是中国经济的出路吗？

本文从宏观角度分析从出口到出海的经济逻辑，从微观角度分享企业出海的经验。

01
从出口经济到出海经济

为什么要出海?

这是近些年中国很多企业，无论是出口企业、制造企业还是互联网企业、服务型企业都在思考的问题。

仅仅是因为美国对中国加征关税吗?当然，这是最直接的原因。但其实，中国企业从出口走向出海，是受深层次的经济规律驱动的。

中国是一个转型国家。与当年的日韩相似，中国在经济转型的中早期采用“强出口、强投资”的发展模式，即通过廉价的劳动力、土地以及优惠的产业政策，吸引外资和技术，大力发展出口制造业。

假定在外需强劲的前提下，政府发展经济最简单的策略，就是最大限度地集中和动员社会资本，大规模地投资制造业以及与之配套的基础设施。

为了集中社会资本，过去中国采取了以国有商业银行、间接融资为核心的金融市场（弱化资本市场），以及对利率、汇率和跨境资本进行管制的金融制度。这种金融制度可以最大限度地避免资本外流、货币窖藏、储蓄被消费，可以大幅度地提高社会储蓄率，然后通过国有商业银行的信贷工具将储蓄最大限度地转化为投资。

根据罗斯托的起飞理论和凯恩斯主义，高投资率带来高增长率，持续有效的投资推动了经济的快速增长。

在过去的20多年，中国的投资率始终维持在40%以上，是全球平均水平的两倍。在固定资产投资中，制造业、基建、土地及房地产的占比达到70%，政府财政、国有银行信贷，以及居民的资本都高度集中在这三大领域。

而持续大规模的投资，不断地吸引海外转移的技术，帮助中国在短短30多年的时间里，建立了世界最完整的制造业产业链。中国制造的优势不是领先的技术，而是具有规模效应的产业链，产业链规模效应极大地压低了制造成本，推动了中国出口以及外汇的高增长。

这就是出口经济时代及其内在逻辑。

不过，这种好日子被2018年中美贸易摩擦打破。由于美国联邦政府对中国商品加征关税，同时实施产业链转移政策，一些产业不得不考虑转移至海外。

2020年，新冠疫情全面暴发，全球供应链受阻，在宏观政策刺激下美国需求全面反弹，中国出口迎来一轮“泼天富贵”，单月出口额飙升至3000亿美元。

2022年，中国进出口总额达到6.31万亿美元的历史峰值，其中出口商品额3.6万亿美元，贸易顺差达到8776亿美元。

2023年，世界进入后疫情时代，欧美需求逐渐降温，全球供应链逐渐恢复，中国出口增速下降，同时企业出海的焦虑再度上升。这一年也被称为中国企业出海的“元年”。

与出口相比，出海是另一个维度。

出口主要指商品出口，即企业使用国内的供应链生产，除了进口部分关键技术、设备和矿产资源外，其他都取自国内的资源，雇佣国内的工人，租赁厂房，采购原材料，向银行贷款，享受国内的政策，然后加工出成品或半成品出口到全球市场。

出海指的是全球化经营，即企业利用全球产业链生产，雇佣当地的工人，租赁当地的厂房，采购当地及全球原材料，然后加工成产品向本地、全球市场销售，还可能需要在境外融资、并购、协作研发。

出口与出海的区别如表2–1所示。

表 2–1 出口与出海的不同

指标	出口	出海
阶段	全球化1.0：商品全球化	全球化2.0：要素全球化
定义	商品出口	全球化经营
产业链	本土产业链生产，使用本地劳动力、土地、原料、信贷，进口关键技术和原料，进行加工并出口	全球产业链生产，整合全球化劳动力、土地、原料、资本、技术以及市场资源进行生产与销售
优势	比较优势	全球资源利用最大化、风险对冲
风险	堰塞湖风险、贸易冲突风险	外溢性风险、地缘政治风险

资料来源：智本社金融研究院。

出口是过去中国企业驾轻就熟的操作，而出海对大多数中国企业来说是陌生的，甚至是令人担忧的。出口企业主要在业务领域与海外客户打交道，出口商对海外的市场风险、营商环境、政府政策、劳资关系等是不熟悉的。

从出口转向出海，是偶然的、被迫的，还是规律使然？

在很多企业主观念中，如果不是美国挑起贸易冲突，他们是不会离开中国的。换言之，贸易冲突成了中国企业出海的直接因素。近两年，随着欧美需求的回落和国内市场有效需求不足，中国企业出海的叙事伴随着一种悲观情绪、被迫情结——“不出海，就出局”。

实际上，一个经济体从出口到出海存在内在的经济规律。

很多人误以为，商品出口等于全球化。其实，商品出口只是全球化的第一步，即商品全球化（1.0）；出海是全球化的第二步，也就是价值链融入国际市场，实现资源要素全球化（2.0）；第三步是人的全球化（3.0）。

通常，转轨国家早期发展出口经济。在新冠疫情期间，中国出口经济达到了历史峰值，为全球提供了接近40%的产能，对全球100多个国家实现贸易顺差。这是中国商品全球化（1.0）的巅峰。

但是，这种数量型增长将随着资源红利的消失而逐步下降。在强出口支撑下，强投资不断地消耗国内的劳动力、城市土地、矿产资源、欧美转移的技术红利，经济资源趋于稀缺、昂贵，国内的劳动力、土地、原材料成本上升，技术进步（引入技术或自主创新）的成本上升，国内投资回报率持续下降，出口竞争力逐步减弱。

另外，转轨国家早期“强投资、强出口”的增长方式容易催生两个问题：一是资本大量集中在投资领域，导致消费有效需求不足，当经济增速下降时，缺乏足够的内需以支撑庞大的产能；二是过度干预的成本控制政策和有管制的金融制度，形成长期巨额贸易顺差，进而容易引发贸易摩擦，最终反噬出口经济。

从国家层面来看，面对国内需求不足、国际贸易条件紧缩，政府正在寻求产业结构转型升级，一方面淘汰落后产能，淘汰那些高耗能、丧失成本优势的产业，另一方面将资源集中在新技术、新产业、新制造等新动能上。

从企业层面来看，服装、鞋帽、家具等廉价制造企业不得不将产业转移到海外的成本洼地，而掌握技术的大型制造企业也在谋求出海，试图整合全球产业链，成为全球化企业。

所以，从高速增长、工业化、城市化阶段到中低速增长、后工业化、后城市化阶段，与之应对的全球化模式，就是从出口经济走向出海经济。

其实，出海不完全是悲情叙事，而是在国内外压力环境下，受经济规律支配的一种理性选择、理性叙事。

从出口经济到出海经济，标志着一个经济体、一家企业真正融入了全球化。

02

从单翼模式到双翼模式

何谓出海经济？

野村综合研究所首席经济学家辜朝明（2023）根据经济体工业化程度的不同，将经济发展分为三个阶段：第一，在刘易斯拐点前的城镇化、工业化阶段；第二，跨越刘易斯拐点的黄金阶段；第三，被追赶的阶段，即产业向海外转移，被新兴经济体追赶阶段。

美国、英国、德国、日本等大多数国家都经历了跨越刘易斯拐点的黄金时代，如今成了“被追赶”的全球化（2.0）经济体。除了劳动力外，这些国家的信息、资本、技术都已经融入全球产业链中，它们的大型企业基本上是全球化企业。

根据辜朝明的观点，日本在20世纪90年代开始进入“被追赶经济体”阶段。1997—2005年，日本企业经历了艰难的债务出清。之后，日本企业开始扩张资产负债表，借助序列制优势，在海外大规模投资，不仅制造业出海，银行等配套服务业也随之出海。

从出口经济转向出海经济，日本当时的背景跟中国当下有两个相似之处：一是日本与美国之间旷日持久的贸易摩擦；二是日本在20世纪90年代泡沫危机后进入低增长、后工业化、后城市化和老龄化阶段，国内有效需求长期不足。

如今，日本经济完成了从出口到出海的艰难转型。日本企业真正做到了全球化经营，不仅在中国、泰国等新兴国家投资，还大量投资美国、欧洲。它们在欧美市场融资、投资金融产品，在新兴国家利用廉价的土地和劳动力投资实体，利用全球人才经营全球市场，同时在国内研发并掌握核心技术。

我们可以用两个指标来衡量从出口到出海的经济转型：对外贸易顺差代表出口经济，第一次对外投资所得净额代表出海经济。

20世纪八九十年代，日本是出口经济，对外贸易顺差巨大，巅峰时期达到1200亿美元；进入2000年，尤其是2007年后，日本转向出海经济，对外贸易顺差逐步缩小，甚至一度出现巨额逆差，2023年贸易逆差达660亿美元；同时，其对外投资第一次所得净额迅速扩大，2023年达到2493亿美元。

2023年，在日本上市公司中，40%的营收来自海外市场，在前10大上市公司中，70%的营收来自海外市场。日本大型银行也转型为全球化金融机构。三菱日联、三井住友金融、瑞穗金融的海外信贷净利息收入占比分别为90.6%、85.0%、67.2%。

日本财务省发布的数据显示，截至2023年底，日本的对外净资产高达471.3万亿日元，比上年大涨了12.75%。按当下汇率核算，日本的对外净资产约为3.15万亿美元，而2022年日本GDP为4.21万亿美元。所以，有人说，日本在海外还藏着一个“日本”（资产是存量概念，GDP是增量概念，不可直接对比）。

不过，日本从出口经济转向出海经济的历程，也让很多人包括政策部门感到担忧。如产业出海带来的产业空心化，引发失业率上升、创汇能力下降、国内生产总值下降等问题。

其实，不同国家的全球化形态存在差异，我们看看德国模式。

德国既是一个出口经济体，也是一个出海经济体，即出口经济和出海经济都很强的国家。2023年，德国贸易顺差达到2423亿美元，同时对外投资第一次所得净额也达到1554亿美元（见图2–1）。这说明德国的产业资源配置非常好，该出海的出海，该留在国内的留在国内，而且各自都具有竞争力。

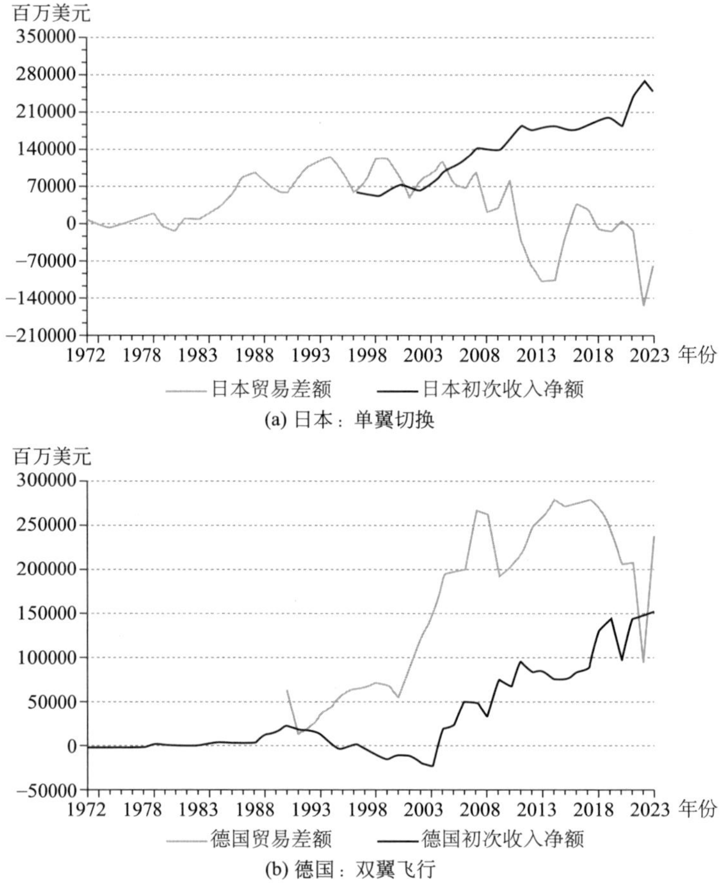

图 2–1　德国与日本贸易差额及初次收入净额

资料来源：智本社公众号。

日本与德国最大的差别在于，日本从20世纪90年代中后期开始遭遇了持续的大衰退，国内有效需求崩溃导致中小企业破产、大型企业集体出海，重创国内产业链和出口经济。而德国经济长期保持稳定，欧洲一体化中稳定的需求支撑其国内产业链，同时又在新兴市场大规模投资。这说明德国的产业资源全球化配置很有效，像德国大众、巴斯夫均是兼具出口能力和出海能力的全球化企业。

日本经济从出口转向出海，属于“单翼切换”，德国则保持“双翼飞行”。

尽管德国经济当下面临挑战，其国内外产业链也被迫重组，但德国的案例告诉我们，出口经济与出海经济并不矛盾，关键是我们该如何在国内以及全球化中有效地配置产业资源。

很多人读完辜朝明的《被追赶的经济体》一书后认为，中国正处于被追赶的阶段，正如当年的日本、美国。但是，辜朝明将当前的中国定位为第二阶段，所谓跨越刘易斯拐点的黄金阶段，就是随着城镇化、工业化基本完成，劳动力人口下降，工资收入增加，推动国内需求增加，刺激企业扩大产能、提高利润。

这两种定位似乎都不准确。中国能否进入跨越刘易斯拐点的黄金阶段？过去，中国长期“强投资、强出口”，国内有效需求不足。当人口下降时，国内有效需求可能进一步下降，那么如何保障就业和提高工资？

在一些产业上，中国的成本优势下降，新兴国家对我们进行了一定程度的追赶。不过，辜朝明定义的“被追赶”，是跨越了刘易斯拐点的黄金阶段，企业的竞争力都达到了一定的水平，具备投资全球市场的能力。日本经济先经历了跨越刘易斯拐点的黄金阶段，然后遭遇泡沫危机，再进入被追赶的阶段。所以，中国企业所面临的环境更为复杂。

从数据上来看，当前，中国还是一个出口经济体，贸易顺差巨大，但对外投资初次所得净额长期为负。美国与中国相反，贸易逆差巨大，对外投资初次所得净额规模不小。

2023年，中国贸易差额为8221亿美元，对外投资初次所得净额为–1482亿美元；同期，美国贸易差额为–10632亿美元，对外投资初次所得净额为1366亿美元（见图2–2）。

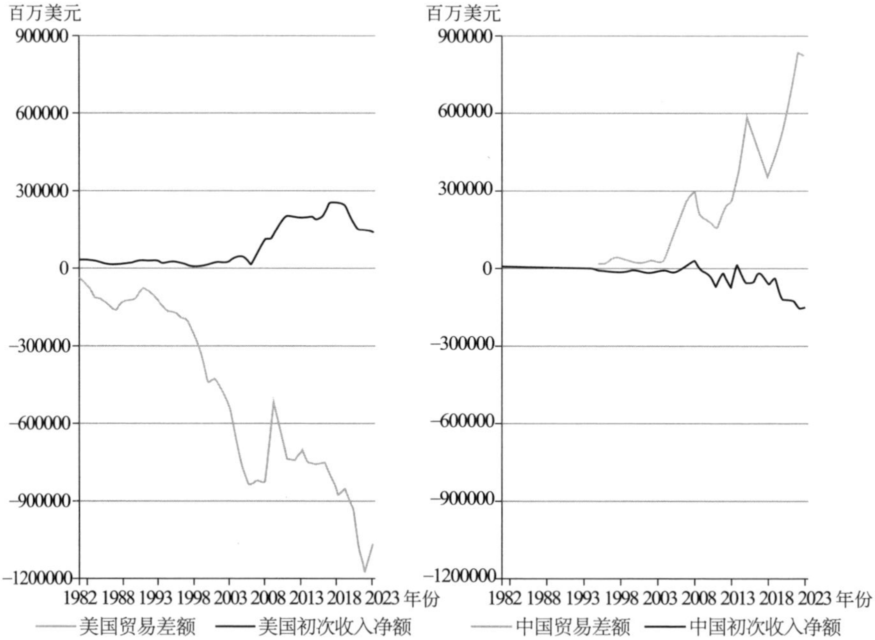

(a) 美国：贸易逆差巨大，初次收入净额也大　(b) 中国：贸易顺差巨大，初次收入净额为负

图 2–2　中美贸易差额及初次收入净额

资料来源：Wind数据库、智本社金融研究院，智本社公众号。

下一个阶段，中国是像日本从出口经济走向出海经济，完成“单翼切换”，还是类似于德国出口经济与出海经济并举，实现“双翼飞行”？

国家层面，取决于政府能否通过宏观政策、制度改革解决有效需求不足的问题；企业层面，则取决于企业能否提升技术创新能力和全球化经营能力。

03
从中国制造到全球经营

如何出海？

出海的难度、风险都要比出口大得多，企业在不熟悉的海外市场环境中跟对手贴身肉搏，可能需要面对和解决非常复杂、具体和不确定性的问题。例如，政策不稳定导致投资打水漂，隐性成本无法控制，法律不熟悉吃大亏，价值观冲突导致生产停滞，等等。

面对这些重要的问题，企业需要多到实地考察，多听听前人的经验。

在这次中国企业高质量出海论坛上，笔者在现场听联想集团董事长杨元庆分享联想出海20年的经验，包括各种奇怪的遭遇、碰到的坎儿、吃过的亏和最终的解决办法，细节满满，感慨良多。同时，在论坛上，笔者的朋友秦朔老师赠送了一本其与刘利平共同撰写的新书《出海》。这是一部内容丰富的出海商业史，其中不乏值得参考的经验。

实际上，中国有一批先知先觉的大型制造企业，如联想、美的等，它们早在10多年前，甚至20年前就已经率先出海。这些企业在海外走过不少弯路，但它们都已经成为全球化企业。

值得注意的是，像联想这样的大型制造企业，出口能力和出海能力都很强，属于“双翼企业”。在下一个时代，中国想要学习德国模式，成为出口和出海并举的国家，就需要一批实力强劲的“双翼企业”。

它们是如何出海的？如何打造“双翼飞行”能力？

下面以联想为例，分享一些现场听到的经验与体会。

联想可能是中国最早出海的大型制造企业。据杨元庆介绍，早在2000年，他率领团队前往美国，拜访了微软、英特尔、IBM后，在加州圆石滩下定决心将联想打造成为一家全球化企业。

2004年，联想以收购IBM个人电脑业务的方式出海。这一收购案在当时震惊商业界，30亿美元的公司并购100亿美元的业务，被认为是“蛇吞象”。而且，在那个年代，还没有中国企业成功并购海外品牌的先例。杨元庆说，他们当时怀着不成功便成仁的心态“摸着石头过河”。

当然，现在的联想已经是中国全球化程度最高的公司之一。按照联合国贸易和发展会议的跨国化指数（TNI，也称跨国指数），在联合国贸易和发展会议2023 年非金融类公司100强（按国际资产排名）的名单里，中国有 11 家公司上榜，前3家中国公司分别是长江实业、鸿海精密、联想。

联想在全球拥有18个研发基地和30多家制造工厂，在全球180个市场开展业务，75%以上营收来自海外。同时，联想80%的生产制造、70%的研发人员、60%的员工布局在国内，每年保持强劲的出口能力。这说明联想的资源在国内和海外市场的配置合理高效，实现“双翼飞行”。

杨元庆将联想出海的经验总结为“三大关键支柱和两大基座”，其中不乏相当的共性和参考价值：

一是全球化供应链。

从中国供应链向全球化供应链转型，是中国企业出海的价值链变革。联想打造的是混合制造供应链，形成了以中国—日本—美国为支点的研发三角，全球统一配置和管理的采购、制造、物流网络。实现“全球资源、本地交付”，具体来说，一台笔记本电脑，在美国设计，在日本工程化，在中国生产与组装，在全球180个市场销售与服务。其中，电池、键盘和接口等部件产自中国，内存产自韩国，处理器产自马来西亚，主板上的关键元器件来自法国和越南，操作系统来自美国。

二是全球化研发体系。

苹果、巴斯夫、丰田等全球化企业的共同特点就是国内掌握核心技术，但是它们的研发体系是全球化的。

掌握全球核心技术是“双翼企业”实现出口和出海并举的关键。

联想在深圳有一个智能化工厂叫南方基地，笔者曾经去这个基地考察过。这个工厂定位为联想的全球“母本工厂”，承担着三项任务：率先应用最先进技术，形成可复制、可推广的方案，孵化创新理念和创新产品。南方基地代表着联想最先进生产力的一切技术、流程、方案，最先从这里投入使用，形成被验证、标准化、可复制的运作流程和解决方案后，再向全球输出，而且输出的对象不限于联想内部工厂，还有外部合作工厂，以及外部客户。

三是本地化经营管理。

现在的全球化产业链存在脆弱多变、复杂交织的新问题。日本、印度、阿根廷、巴西这几个市场都是出海困难市场，这需要企业不仅要足够接地气，还要有智慧。

杨元庆举了一个例子，日本消费者偏爱Made in Japan的产品，联想就通过与NEC和富士通的合资，利用它们在米泽和岛根的工厂生产电脑提供给日本用户，又学习它们精良的工艺标准，以及严苛的质量把控，反哺我们国内制造能力的提升。这就叫贴近本地市场构建韧性供应链。

还有很重要的一点是价值观融合，即尊重当地习俗和文化，通过合作在当地市场塑造企业公民形象。

当下，全球化浪潮在国际地缘政治震荡和人工智能革命中汹涌澎湃，中国经济正在进入下一个阶段——出口经济转向出海经济。经济政策、制度改革和开放程度决定着其“单翼切换”还是“双翼飞行”，经济产业升级和技术创新水平决定了中国全球化企业的国际竞争力。

下一阶段，有多少“双翼飞行”的企业决定着中国经济的全球化格局与竞争力？

消费：未来消费五大趋势

北京统计局数据显示，2024年上半年，北京规模以上（即年营收1000万元以上）餐饮企业利润总额1.8亿元，同比下降88.8%，利润率低至0.37%。

与之相关的刷屏消息是，“米其林级”包子铺鼎泰丰宣布将在2024年10月底关闭北京、天津、西安等地的14家门店。

实际上，高端餐饮只是冰山一角。由于经济下行压力增加，有效需求不足，市场预期持续转弱，居民消费谨慎，市场价格低迷，整个消费市场正在经历一场前所未有的大洗牌。

高端市场、大类消费迅速下滑，相关企业在微利、亏损线上挣扎，或关店、裁员，或转型、内卷。然而，在大浪淘沙中，一些市场却在逆势增长。

本文从消费的角度出发，分析当下及未来中国经济的超周期性风险和结构性机会。

01
五大分化：大类消费时代谢幕

数据显示，2024年7月，我国社会消费品零售总额37757亿元，同比增长2.7%，增速较6月上升0.7个百分点。2024年3—7月，社会消费品零售平均增速为2.7%，处于较低水平[①]。

拉长时间来看，最近10年，社会消费品零售增速持续走低。中国经济在之前的30多年维持8%以上的高速增长，按理来说，居民消费福利应该非常好，为什么消费低迷？

消费是家庭财富和边际消费倾向的函数，根本上来说这是由一个数据决定的——家庭可支配收入占GDP的比重。我国这个数据是43%左右，国际平均水平是60%。这就决定了我国的消费率在40%左右，而与之对应的国际消费率平均水平在60%左右。如果这个数据能够达到国际平均水平，按现在GDP核算，中国家庭可支配收入每年将增加19万亿元，那么定然不存在有效需求不足和消费不振的问题。

最近几年受疫情冲击，家庭资产负债表出现疤痕难以修复，加上38万亿元房贷负担、提振需求措施力度不足，居民收入和消费预期转弱，消费在疫情过后复苏又迅速回落，单月社会消费品零售尚未顺利突破4万亿元，消费尚未恢复到疫情之前的潜在增速水平。

从国家统计局的数据，我们可以看出明显的五大分化：

---

① https://www.stats.gov.cn/sj/zxfb/202408/t20240815_1955981.html.

（1）规模以上下滑，规模以下增长。

2024年7月社会消费品零售总额同比上涨2.7%，但限额以上单位消费品零售额下降0.1%。前7个月，社会消费品零售总额同比增长3.5%，限额以上只增长2.7%。

所谓“限额以上”主要指其年主营业务收入达到2000万元及以上的批发企业、年主营业务收入达到500万元及以上的零售企业、年主营业务收入达到200万元及以上的餐饮和住宿等企业。

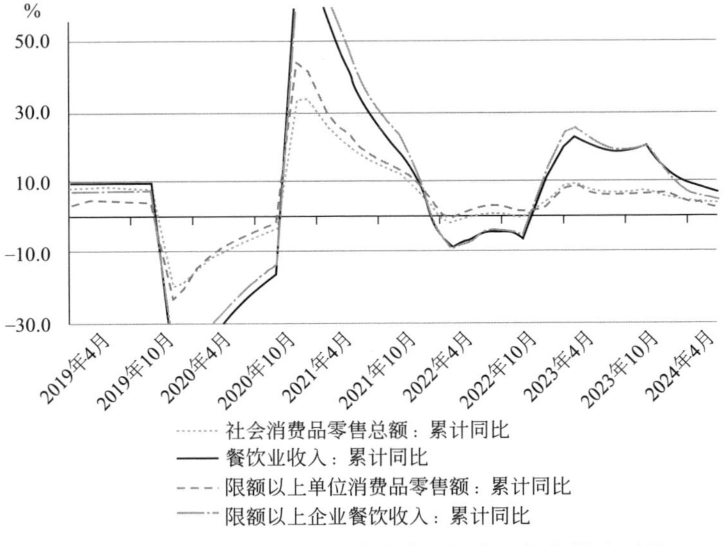

图2-3 近5年限额以上社会消费品零售、餐饮增速对比

资料来源：Wind数据库、智本社金融研究院。

以餐饮为例，2024年7月餐饮同比增长3%，但限额以上餐饮收入同比下降0.7%。而且，规模以上的餐饮市场份额上半年降至26.8%。

据餐饮行业平台红餐大数据，截至2024年7月21日，上海人均消费500元以上餐饮店的数量占比为0.59%，相比2023年5月10日减少了1400多家。

由于需求下降、客户极致追求性价比，客单价在500元以上的高端餐饮不得不降价销售，以保住现金流，但是这不但没能换来营收增长，还导致利润滑坡。2024年上半年，北京规模以上（即年营收1000万元以上）餐饮企业营收同比下降2.9%，利润总额下降88.8%。这些规模以上餐饮企业以及相关28万名从业人员的生存生计面临挑战。

与之相反的是，规模以下的餐饮企业和零售企业还是保持一定的增长，其中规模以下社会消费品零售总额同比增长4.2%。

（2）大类消费、可选消费下降，必选消费增长。

2024年7月，大类消费整体下降：汽车类下降4.9%，建筑及装潢材料类下降2.1%，家具类、家电类分别下降1.1%、2.4%。除汽车以外的消费品零售额增长3.6%，高于整体零售额。这说明房地产全面下滑和汽车产能过剩拖累了消费市场。

可选消费整体下降：烟酒类、服装鞋帽纺织品类、化妆品类、金银珠宝类分别同比下降0.1%、5.2%、6.1%、10.4%，可用一个词概括：断舍离。

只有必选消费维持增长：餐饮收入同比增长3%，粮油食品类、饮料类、日用品类、体育娱乐用品类、中西药品类、通信器材类分别同比上涨9.9%、6.1%、2.1%、10.7%、5.8%、12.7%，概括起来为：吃饭买药健身刷手机。

（3）一线城市消费下降，乡村消费增长。

2024年7月，乡村消费同比增长4.6%，高于城镇消费的2.4%；前7个月，乡村消费同比增长4.5%，仍高于城镇消费的3.4%。

如果把城镇进一步细分，一二线城市增速明显低于三四线城市，其中一线城市消费出现下降。2024年上半年，在一线城市的社会消费品零售总额（后简称“社零”）中，除了深圳上涨1%，广州持平，北京和上海分别下降0.3%和2.3%（见图2–4）。2024年6月，北上广深社零总额同比增速降至–6.3%、–9.4%、–9.3%、–2.2%。

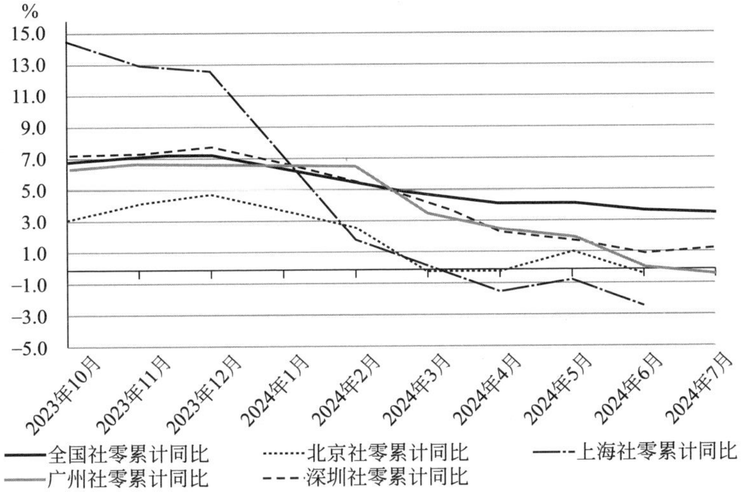

图2–4　2024年一线城市社会消费品零售总额增速对比

资料来源：Wind数据库、智本社金融研究院。

以长三角地区为例，2024年上半年，上海社零增速领跌，第二梯队中的省会城市杭州、南京、合肥社零增长率分别为0%、3.4%、3.7%，而大城市周边的三线城市明显更高，绍兴、嘉兴、扬州社零分别增长10.2%、8.4%、7.8%，明显高于全国整体水平（3.7%）和长三角平均水平。

（4）百货店、专卖店下降，便利店、专业店增长。

2024年前7个月，限额以上零售单位中便利店、专业店、超市零售额同比分别增长5.2%、4.5%、2.0%；百货店、品牌专卖店零售额分别下降3.8%、1.6%。

在经济下行压力下，业态明显分化，便利店、专业店还能维持上涨，但是，百货店、品牌专卖店将陷入生存困境。

以王府井百货为例，2024年第一季度，王府井百货营业收入同比下降1.74%，净利润下降10.86%。

以高端水果百果园为例，2024年上半年营业收入较上年同期减少近15%，公司拥有人应占利润同比减少近70%。百果园2024年股价下跌了74%。

（5）实体商品消费下降，线上消费增长。

2024年前7个月，实物商品网上零售额同比增长8.7%，远高于社会消费品零售总额增速3.5%。过去几年，线上消费增速持续高于实体消费，尤其是疫情期间。疫情过后线上消费增速其实有些下降，但仍高于整体消费（见图2-5）。

在实体消费中，商品转向服务的趋势很明显，商品消费下降，服务消费增长，能够打通线上线下的服务消费逆势增长。

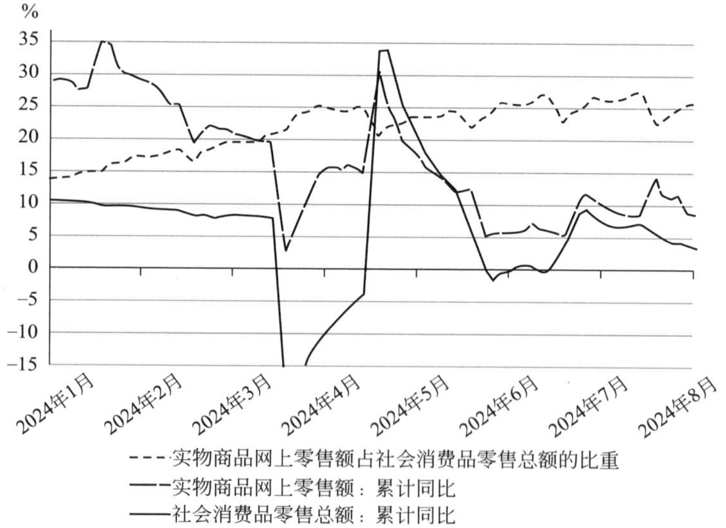

图 2-5　社会消费品零售总额与实物商品网上零售额增速对比

资料来源：Wind数据库、智本社金融研究院。

2024年上半年，北京规模以上餐饮企业利润大幅度下滑，但餐饮配送及外卖送餐服务从业人员同比增长高达49.7%。这说明线上订餐消费以及灵活就业在增加。

02
五大趋势：后工业化消费到来

趋势的背后定然有比较可靠的逻辑支撑。消费分化是否构成趋势？我们需要看背后的原因及其逻辑。

经济增速下降、高质量发展和老龄化是未来比较确定的趋势，我们需要关注的是这三大因素下消费者的心理、偏好与行为发生了哪些变化，从这些变化中去推演未来的消费趋势。

未来，中国消费将出现五大趋势：

（1）从向上流动长期消费转向向下流动短期消费的趋势。

在经济高速增长时代，收入和消费预期上升，消费整体向上流动、周期拉长。房子、车子越买越大、越买越多，餐厅越吃越豪华，手机越换越贵，手表、包包越买越大牌，健身房、按摩店的卡越充越多，信用卡额度越来越大、刷卡越来越阔气。

当经济增速下降时，消费预期转弱：一是消费趋于理性，不再盲目攀比，越来越追求性价比；二是消费不再向上流动，可能向下流动，即消费降级；三是周期缩短，更好安排长周期消费。

例如，贷款买房、买车属于长周期消费，15年按揭买房意味着锁定了未来15年的房贷支出，买车意味着锁定了未来每年2万~3万元的保险、停车费等用车支出。同时，健身房、按摩店充卡也是长周期锁定消费，过去几年大量门店倒闭加剧了长周期消费的风险。

未来的消费趋势之一是转向短期消费，把消费周期缩短、风险降低，同时追求极致性价比，如网上订餐、便利店、快剪、平价健身房、高性价比酒店等。

（2）从耐用品、大类商品、可选消费转向服务消费、必选消费的趋势。

工业化、城市化快速发展的时代是耐用品的黄金时代。在经济高增长时代，工业化、城市化进程加速，许多人进入城市工作、生活、安家落户，组建家庭需要置办耐用品、大类商品。

日本家庭在20世纪六七十年代完成了房屋、汽车、彩电、冰箱、空调等大件耐用品的购置，进入八九十年代，耐用品和大类消费随着城市化进程放缓、房地产市场下滑而下降。

中国正在进入后工业化、后城市化、后房地产时代和人口老龄化时代，耐用品、大类消费品的黄金时代已经过去。其实，家具、家电和汽车的消费量早在2017—2018年就触顶下降（见图2–6和图2–7）。

未来，房子、车子不可能越买越大、越买越多，家具、家电消费也会持续萎缩，家庭消费在耐用品满足后将转向服务消费。这是一个长期趋势。而且，由于消费预期转弱，家庭减少了可选消费支出，只保留基本的吃穿住行等必选消费。这一趋势短期内也难以改变。

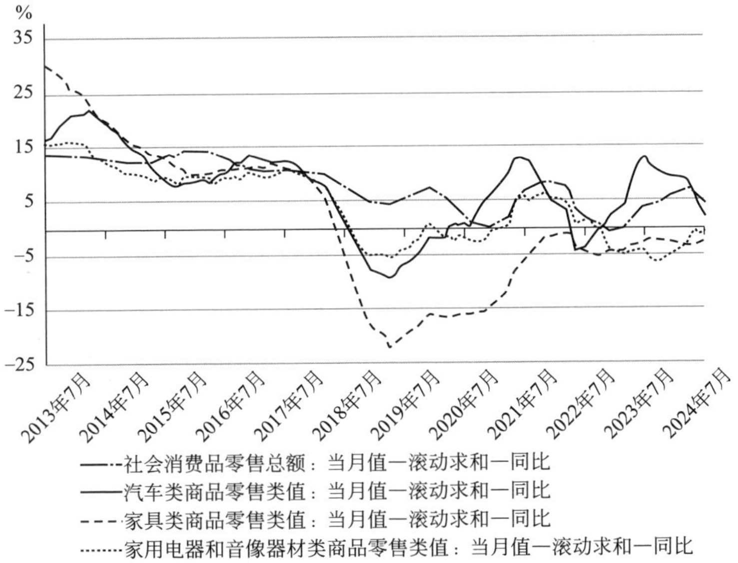

图 2–6　近 10 年汽车类、家具类、家用电器和音像器材类零售增速

资料来源：Wind数据库、智本社金融研究院。

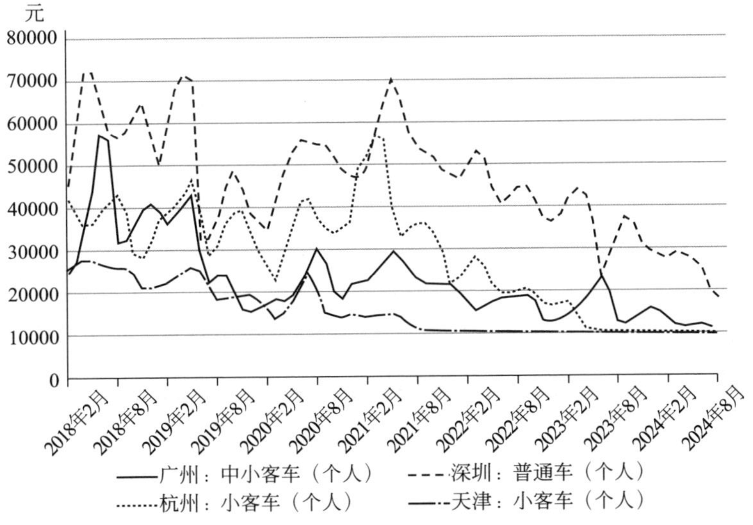

图 2–7　4 个城市各类汽车平均成交价（竞价）情况

资料来源：Wind数据库、智本社金融研究院。

举一个典型的例子：近些年，深圳买车的人减少，车牌竞价持续下降，乘坐地铁的人数却持续创新高。这意味着汽车销售、保养、保险呈现下滑趋势，而地铁客运、地铁站商业服务逆势增长。

（3）从一二线城市转向周边三四线城市的趋势。

一二线城市消费为何跑输三四线城市？

仅仅用收入增速是难以解释的。主要原因是，一二线城市的经济增长触及宏观经济的天花板，一线城市的居民对经济和收入走势更加敏感。反过来说，这些年房地产下滑、金融整顿、大厂裁员、外商投资增速下降、公务员降薪等对一二线城市的冲击更大。

与三四线城市相比，一二线城市更多启用杠杆投资和消费，当宏观经济与收入预期下降、债务负担增加时，一二线城市居民的消费预期更容易下降。

在一二线城市中，房车、家具家电等大类消费品占比高，大类消费品一旦下降，就会拖累一二线城市的整体消费。

在一线城市中，北京、广州、深圳2024年6月汽车销售增速分别为–13%、–8.3%、–3.2%，其中北京、广州的跌幅超过全国汽车类消费跌幅（–6.2%）。2024年7月，北上广深二手住宅价格同比分别下降7.2%、5.6%、12.4%和9.8%，其中北广深降幅明显高于二三线城市的–8.2%和–8.1%。

未来，一二线城市的消费增速可能长期跑输三四线城市，但是并非所有三四线城市消费都能逆势增长。最近10年，内地三四线城市主要靠棚改货币化和城投债投资带动。随着这轮债务泡沫压降，缺乏工业支撑的三四线城市的房地产将维持低迷，消费也难以上涨。

而一二线城市周边的三四线城市将获得外溢红利，尤其是北上广深2小时生活圈的旅游休闲城市。一二线城市家庭节省了房车等大类消费，他们转向服务消费，尤其是周边城市的餐饮酒店旅游等消费。

举一个典型的例子：深中通道开通后，深圳居民挤爆中山，开车到中山吃住玩，但中山似乎没有准备好迎接这轮“泼天富贵”，到处人满为患。因此广东省需要重新规划设计，打造大湾区旅游生活圈。

数据显示，深中通道开通首月车流量超300万车次，单小时最高峰超过了8000车次，其中客车占比约93%。周末期间，车流量增长约30%。

（4）从百货品牌消费转向“小美专精”消费的趋势。

随着经济下行压力增大，百货商店客流下降，品牌店尤其是国际大牌、奢侈品销售量自然下降。

数据显示，2024年上半年，LVMH集团在以中国为主的亚洲市场（日本除外）销售收入同比下降10%，是唯一收入下滑的销售区域；开云集团在亚太地区（日本除外）的销售额下滑22%。以BBA为代表的高端汽车开始下滑，宝马在中国市场交付量同比下降4.3%，奔驰销量下降9%，奥迪销量下降2.0%。

未来业态，不再是大型百货商店、奢侈品牌店，而是以便利店、专业店、精品店为代表的“小美专精”。国际奢侈品牌试图通过开设精品店、快闪店来顺应这一趋势。据不完全统计，截至2024年7月底，爱马仕、LV、Bottega Veneta、BALENCIAGA、LOEWE、Prada、Burberry均开了全新精品店。

便利店、专业店是未来的发展趋势。经济下行、人口集中、老龄化和单身人群增加等多重因素推动了便利店的增长。2023年，中国便利店销售额达到4248亿元，同比增长10.8%，门店数量突破32.1万家，同比增长7.0%。目前行业集中度正在增加，前10名企业共有115741家店，占总数的63.5%。未来便利店的开设方向主要在三四五线城市。

（5）从统一性标准化消费转向多样化消费的趋势。

高速增长、城市化、工业化的共同特点就是标准化，即高度统一的消费观、产品设计、服务标准。工业化最大的特点就是大规模机器生产，尤其是快速供应大量标准化的耐用品。可以这么说，经历了工业化时代的人，其审美、价值观与思想都是被工业化所塑造的。

后城市化、后工业化时代，人们消费偏好开始发生改变，逐渐转向多样化。那么，消费多样化到底指什么？

日本的便利店是消费多样化的集大成者，小小的便利店里摆放着各种款式的商品，如几十种饮料，而且每周大量换新，让中国游客触发选择困难症。未来的中国也会这样吗？

消费多样化，可以理解为消费者更加追求自我的偏好，而非基于外在统一标准去选择，未来可能表现为个性、时尚、健康、优美、乐趣、科技感。

03

五大机会：《黑神话：悟空》时代

当我们确认了未来的长期趋势，意味着我们可以从中找到结构性的机会。

日本大衰退期间，哪些行业触顶下滑？主要是耐用品、大类消费品以及儿童用品，如房地产、家具、家电、服装、教育、文具、婴儿用品等。

哪些行业逆势崛起？含咖啡因饮料（碳酸饮料、茶饮、咖啡）、美妆（美容仪器、化妆品、美容服务）、大众消费品、二手市场、保险与养老金、便利店、医疗医药、老年人看护与照料市场、运动休闲娱乐服务等。

2024年7月，笔者与智本社社友们一起去东京考察“低增长时代的商业机会”。日本消费社会研究专家三浦展老师在早稻田大学给我们分析了最近100多年日本五次消费变迁及其商业机会。三浦展老师给我最大的启发是，如果仅仅关注经济下行，我们只能看到一种机会，那就是消费降级；如果从经济下行和老龄化趋势观察消费心理、偏好和行为的丰富变化，我们就能够看到多样化的结构性机会。

结合日本的经验，从经济下行和老龄化这两个维度推演，未来中国消费心理、偏好和行为可能趋于更加理性、更加节约、更加追求性价比、更加关注内心自我感受、更加追求健康快乐自然科技（真善美乐）。

据此推演，未来中国商业市场存在五大结构性机会：

（1）服务消费机会。

住房、汽车、家具、家电等大类消费、耐用品一旦饱和，商品消费的占比将明显下滑，家庭开支开始转向服务消费。这是长期趋势。

短期来看，消费风险偏好下降，消费周期压缩，即时消费、服务消费上升。过去30年，日本商品店铺减少、服务店铺增加，比如烟酒店减少，居酒屋增加。又如买车的人减少，租车服务增加，坐地铁、新干线的人增加。再如更少人买跑步机，更多人去健身房和户外运动。

长期来看，家庭将节省更多的大类商品消费，将其中一部分用于服务消费。未来可能增长的服务消费包括：餐饮、便利店、旅游、按摩、健身、休闲、娱乐等即时服务消费。例如，近两年，高额娱乐消费的KTV冷清，而小额娱乐消费的台球室火爆。

数据显示，2024年上半年，国内旅游出游人次和国内旅游出游总花费分别增长14.3%和19.0%，全国营业性演出（不含娱乐场所演出）票房收入增长13.2%。

未来，我们尽量少投资耐用品、大类消费品，更多关注服务消费。如果销售商品，那么要增加商品的服务化。例如，便利店与过去的商店最大的不同是提供额外服务，尤其是速食和休息服务。

（2）大众消费机会。

大众消费是日本逆势生长的市场，主要是日用品市场，以必选消费为主（可选消费少），代表性企业有日本优衣库、无印良品和7-11便利店。

经济下行、收入下降、消费预期转弱，中产消费降级、下沉，推动了大众消费市场的崛起。比如，面向中产的星巴克、奈雪、喜茶销售增速下降，而价格更为低廉的瑞幸咖啡、蜜雪冰城兴起。又如，京东、天猫销售增速下降，拼多多、网络带货快速增长。以上可以理解为“口红效应”。

拼多多2024年第三季度财报显示，其业绩依然高速增长，但不及预期。拼多多创始人黄峥表达了对未来营收的悲观预期。

这说明大众消费市场不是简单的低价，甚至劣质低价，而是性价比，且是极致性价比。

所以，大众消费市场的要义就是极致性价比。企业需要做好三点：设计、供应链整合能力、产品迭代。

无印良品、优衣库等大众消费品都以简约设计为主，原因可能有两点：一是降低工艺复杂性，最大限度地压低成本；二是迎合低增长时代去复杂化的审美需求。

供应链整合能力是压低成本、获取性价比优势的关键，目前中国供应链整体成本比较低，容易被对手复制。例如，名创优品做全球采购，类似于20~30元的无印良品，设计简约，性价比高，但名创优品之后，一堆企业跟进复制其供应链。

最关键最难的是产品迭代。比如，无印良品最早设计出懒人沙发，但很快被人复制。这个时候，你想要保持领先就不得不迭代产品。如果无法保持产品迭代，优衣库、无印良品在中国也会失去竞争力。作为平台，拼多多最好的时代已经过去了，拼多多的打法需要改变，接下来可能要走淘宝的老路，即整顿商家，打击假冒伪劣，提升性价比。这是一条不得不走且充满风险的迭代之路。

（3）国产消费机会。

日本的消费在第一阶段有西洋化、欧美倾向，第二阶段有美式倾向，第三阶段有高档化、欧式倾向，进入第四阶段，也就是经济衰退阶段，转向追求无品牌倾向、朴素倾向、日本意识、地方意识。三浦展老师把这个过程理解为“现代化的终结和地方的复兴”。

经济进入减速周期，为什么会出现一轮国货消费机会？

原因可能有三：一是过去经济持续高速增长过程中，民族主义和民族信心增强，对国际大牌的崇拜下降，对国货的认同感增强；二是随着大量工业技术的引入，在积累20~30年后国内工业技术和生产能力趋于成熟，国产质量大幅度提升，国产替代化加速；三是经济下行时，消费心理发生变化，人们更加注重自身感受，去大牌化、去奢侈品化，不被品牌定义，从追求面子转向追求里子。

数据显示，1995年，日本人消费了全球68%的奢侈品；如今，这个比例只剩下10%。

日本富人阶层在2000年后更少购买国际奢侈品，他们的消费能力没有下降，但是消费偏好发生了重要变化，他们不再需要爱马仕等装饰自己，转而购买日本一些知名度低的手工品牌。日本有“职人”文化，在江户时代，职人是指专职于某项手工艺的艺人，他们可能世世代代织布做衣服或修寺庙。职人追求精益求精，这也是日本工匠精神的来源。日本富人阶层减少对爱马仕等奢侈品的购买，转而购买具有职人传统的日本品牌商品。这就是三浦展老师说的日本意识、地方意识。

最近十几年，国产替代浪潮也是一浪跟着一浪，从电风扇、电视、冰箱、洗衣机、空调到电脑、手机，再到现在的汽车。国产化妆品替代也在加速，国货市场占有率每年提升5%以上，国货头部企业的年均增速在20%以上。

未来，企业不需要包装成洋品牌，也不需要过度强调国货，应该更加关注产品质量，以及对消费者的服务。

（4）健康消费机会。

与大众消费类似，大健康也是日本逆势生长的市场。老龄化和低增长将共同推动健康消费的兴起，包括老年人食品、药品、医疗器械、可穿戴设备、陪伴机器人、养老院、照料市场，等等。

需要注意两点：

一是与日本相比，中国平均养老金水平较低、内部不平衡，中国老年人的购买力可能不足，老年人消费市场可能不如预期。不过，中国体制内退休人群的消费能力、消费意愿强，创业者、投资者可以将消费者目标锁定为体制内50~65岁退休人群，尤其是女性。

二是这里所说的健康消费机会，不仅是指老年人市场，而是指所有年龄段的人群、所有市场。

原因是，当经济增速下行时，消费心理与观念将趋于健康与自然，追求自我价值，追求自己认为有品质的生活。人们正在改变生活方式：从大吃大喝转向健康、自然、适度。

比如，最近几十年，日本健康食品呈现低龄化趋势。不仅仅是老年人食品，就是普通食品也越来越注重健康与自然。又如，中国亚朵酒店注重睡眠质量，枕头一年就能卖上百万只。

健康消费机会，包括按摩、瑜伽、健身房、体验式旅行、体育运动等养生运动类服务，皮肤护理、头皮护理、指甲护理等护理类服务，猫咖、盲盒等治愈类消费，以及更加健康的睡衣、床上用品、饮料等日用品和食品类消费。

（5）消费升级机会。

未来，消费降级是一个趋势，但也存在结构性消费升级。

怎么理解？消费升级包括以下几个方面：

一是精神升级。

日本内阁府的调查显示，从20世纪80年代开始，日本人把重心从物质的丰富转向精神的丰富，大衰退期间，“精神的丰富”比例依然持续上升。

消费从过去的外部认同转向自我认同，三浦展老师的观点是“从目的合理的行动（功效）到价值合理的行动（正善美乐）”。实际上，去奢侈品化、去品牌化深层次的原因是消费从物向人回归，人是目的，人不被品牌绑架，不被标签化，商品服务于人。无印良品的思想很好地满足了反消费主义、去品牌化的消费心理，它的主张是“还生活者以自由”。

精神消费包括娱乐、健康、休闲、治愈、游戏、学习等消费。

二是科技升级。

科技消费依然是未来的趋势之一。技术进步降低商品价格、提高性价比，新供给创造新需求。未来十年，人工智能商品和服务将呈井喷之势，如无人驾驶汽车、AI应用、网络游戏等。

三是品质升级。

消费正在从更大更多转向更少更精更高品质，有些家庭消费支出可能不下降或下降不多，更关注生活品质。

例如，沃尔玛持续关闭超市，开设品质更高的山姆会员店。数据显示，沃尔玛中国截至2023年关闭了36家门店，而其旗下的山姆会员店在中国大陆增至47家门店，2024年仍继续扩张门店。

又如，华住集团2024年第二季度在中国市场的营业额同比增长16.2%，继续保持逆势增长。华住集团除了抓住了旅游复苏的机会外，更重要的是做了产品升级，尤其是全季酒店和桔子酒店品质的提升。全季品牌的在营门店中，全季4.0及以上产品占比从2020年的30%提升到2024年第二季度的71.2%；桔子乐活在桔子管道酒店的占比则从2023年底的58.4%提升到2024年第二季度的90%以上。

中国正在进入消费大洗牌时代，企业需要关注宏观大势，规避财务风险，洞察消费变迁，捕捉结构性机会。

近期火爆的《黑神话：悟空》集中体现了以上所述的几大消费趋势：服务消费、大众消费、科技升级（3A）、娱乐消费和国产消费（文创国潮）。

以此为隐喻，未来消费是“大圣”时代。

投资：从房地产到超长期特别国债

2024年，超长期特别国债发行，房地产政策调整，均引发了市场的波动与关注。二者具有高度的关联性，这两项政策背后的根本是想要重塑中国宏观经济和金融体系的底层资产、保卫国家资产负债表以及构建现代央行体系。

本文从现代央行—货币—国债体系的角度分析中国宏观经济形势。

01
房地产与超长期特别国债

过去，中国金融体系的底层资产是房地产。如今，超长期特别国债的发行，说明中国试图重塑金融体系的底层资产，通过发行国债、投放无风险资产来替代房地产，以稳定金融系统。

中国金融系统一个非常突出的特点是广义货币（M2）规模很大，2024年4月末余额为301.19万亿元，M2/M1达到4.56。M2通常被理解为货币总量。那么，这么大的货币总量是怎么创造的？

广义货币是现金、居民存款、企业事业单位存款的总和。超大规模的存款，不完全是真实储蓄，主要靠负债创造，也就是贷款派生的。比如，你向商业银行贷款100万元，暂时存在商业银行，这样你的资产负债表中，同时多了100万元贷款和存款。你的100万元存款放在商业银行，商业银行向央行缴纳7%的存款准备金后，可以把剩余的93万元贷给第三方，以此类推，商业银行可以通过贷款派生出很多存款，这就是乘数效应。

数据显示，从2000年到2024年4月，人民币贷款年平均增速为14.51%，M2年平均增速为14.42%，信贷快速扩张推动广义货币高速增长（见图2–8）。

图2–8 人民币贷款增速与M2增速

资料来源：iFinD、智本社金融研究院。

信贷快速扩张的动力来自哪里？

房地产。2016—2021年房地产贷款年均复合增速超过10%，巅峰时期房地产新增贷款的占比达到45%。从2022年开始，政府大规模压降房地产贷款。2023年末，房地产贷款余额52万亿元，其中开发贷款余额接近13万亿元，个人按揭贷款余额38万亿元。房地产贷款余额占总贷款的比例为22%左右，其中国有银行占比超过30%，股份制银行占比为25%左右。换言之，房地产贷款构成了国有银行和股份制银行的主要资产。

不仅如此，商业银行抵押资产的40%~50%是土地和房地产。除了房地产贷款之外，不少企业贷款、经营贷的抵押资产也是土地和房地产。

我们知道，商业银行想要不断投放贷款、做大资产端，就需要充足的抵押资产作支撑，而这个充足的抵押资产就是2000—2021年市场快速扩张、价格迅速上升的土地和房地产。反过来说，商业银行长期将30%~40%的新增信贷注入土地和房地产中，推动了地价、房价的持续上升。

可以看出，土地和房地产是信贷的底层资产，而信贷又派生了大量的存款，这也间接说明，土地和房地产是广义货币和流动性的基石，是金融资产（利率）的定价之锚，也是整个经济体系的信用基础。

其中，土地和房地产是金融资产（利率）的定价之锚包含两个逻辑：

一是利润是利率的反馈，投资回报率决定了利率走势。房地产贷款是商业银行主要资产之一，尤其是个人按揭贷款构成了利润主要来源，房地产市场下滑，土地和房地产价格下跌，房地产投资回报率下降，直接推动利率下降，进而推动存款、基金、保险等整个金融资产的收益率下降。

二是包括商业银行贷款、政策性银行贷款、城投债、政府债券等大多数金融资产的抵押物都是土地和房地产，当土地和房地产缩水时，直接导致大多数金融资产信用恶化、价格下跌。

2021年至今，房地产市场全面下滑，土地和房地产价格快速下跌，全国城市房价普遍下跌了20%~40%。这意味着商业银行资产端中最重要的资产缩水了20%~40%。由于防御性储蓄大规模增加，2023年新增存款达到25万亿元，商业银行的负债增加。如果按照当前的房价重新评估资产，那么商业银行的资产负债率将明显上升，需要补充不少资本金。

日本大衰退期间，银行受困于资产缩水，企业也因为同样的原因而躲着银行。企业不希望再贷款，担心银行重新评估资产导致抽贷。企业资产负债表长期衰退引发日本经济系统的持续通缩。

如今谁也不想揭开这个盖子。贷款人不希望商业银行重新评估土地和房产导致授信降低，商业银行也不希望重新评估土地和房产导致资本充足率下降。如果贷款人能够及时还款，双方相安无事，但是续贷时可能难以回避这个问题。

近些年，商业银行发放了不少经营贷，经营贷余额从2020年的11.54万亿元增加到2023年的22.15万亿元。按通常三年期限来说，2024年开始，经营贷面临大规模的续贷。续贷需要重新评估资产，由于房产价值普遍下降，贷款额度正常情况下会减少，贷款人需要补足差额。

所以，房地产价格全面下降对商业银行资产端的冲击需要重新评估。至少需要考虑这几点：一是房地产估值下降导致抵押资产缩水，资产端出现被高估的风险；二是开发商贷款不良率上升，恶化资产端；三是与土地、房地产相关的上下游企业和城投企业的不良率上升、贷款展期，给银行资产端带来冲击。

宏观上来说，一是作为金融系统的定价之锚，土地和房地产价格下跌，导致金融资产价格下跌，金融系统出现不稳定；二是作为商业银行系统的抵押资产，土地和房地产价格下跌，导致商业银行贷款扩张能力下降，触发反向乘数效应，广义货币和市场流动性加速萎缩，甚至出现流动性风险。

怎么办?

一方面出台降息、降首付、收储等政策避免房地产再崩溃，保卫老式的底层资产。

央行设结构性货币工具提供了3000亿元支持政府收储。央行间接购买房地产资产，这笔资金通过政策性银行、商业银行进入国企，流入开发商，最终流入房地产市场。而房地产通胀效果取决于货币规模（应该有限）。预计交易量将上升，买卖双方互相利好。

另一方面需要重塑金融体系的底层资产，打造新的定价之锚，稳定金融体系。

新锚是什么?

国债。国债代表着国家信用，被认为是无风险资产，具有安全性、流动性和对冲性三大特点。

目前，全球主要经济体金融体系的底层资产都是国债。在布雷顿森林体系时期，美国金融体系的基石是黄金，美元的锚是黄金，美联储储备黄金发行美元。该体系解体后，美联储开始换锚，逐步吸收美债发行美元。1983年美联储主席沃尔克成功抗击通胀后，美债正式成为美国金融体系的底层资产。2001—2006年，次级贷款及其基础上的金融衍生品过度膨胀，美国大量金融资产建立在房地产次级贷款的基础上。2007年次贷危机爆发，美联储在随后的量化宽松周期中大量购入住房抵押债券，同时大举扩张了国债。到目前为止，美国国债依然是美国金融体系的基石，10年期美债成为全球金融市场的定价之锚。

2023年开始，中国大规模发行国债，向市场投放无风险资产，投放新的定价之锚，商业银行、保险公司和其他金融机构在难以扩张贷款的当下大量增持国债，以缓解资产端和负债端的压力。

不仅如此，未来，央行也可能加入购债行列，共同塑造国债信用，同时开拓新的基础货币投放市场。

02
央行与超长期特别国债

美元和美债是一体两面，互为底层资产，美元支持美债融资，而美债成为美联储投放美元基础货币的主要渠道。这部分讲国债和央行（货币）之间的关系。

中国现在大规模发行国债，一个重要的理由是扩张债市，完善收益率曲线，为央行购债开拓新的基础货币投放市场。短期的目的是解决银行渠道的货币空转和效率低迷；长期的目的是建立以价格工具为核心的现代银行体系。

当前，宏观经济一个很典型的问题是广义货币高增，但价格持续低迷。很多人都在问，钱去哪儿了？宏观经济学很容易解释这个问题，那就是货币流速下降。根据费雪方程式，当货币流速下降，尽管货币供应增加，价格未必会上涨（假如产出不变）。

实际上，货币流速下降是一个必然趋势。从20世纪80年代开始，美国、英国、德国、韩国、新加坡、巴西、立陶宛、中国的货币流速无一例外地都下降了。

近些年，中国货币流速加快下降，主要原因是结构性问题导致货币传导不畅。中国基础货币投放方式主要是央行给商业银行和政策性银行提供贷款，银行再将贷款卖给企业，主要是国有企业、房地产和城投公司。过去，房地产和城投公司成为中国货币传导的中枢。近三年，房地产市场全面下滑，房地产新增贷款下降了一半，城投公司贷款萎缩，货币投放渠道受阻。比如，2023年12月至今，央行提供了5000亿元抵押补充贷款，政策性银行将这笔贷款发放给地方国有企业以支持“三大工程”，但是就当前的房地产形势，地方国企缺乏城中村改造和保障房建设的动力，这笔贷款又滞存在银行系统，没有转化为投资和消费。

货币配置效率下降的直接结果是，尽管货币数量高速增长，但是价格下跌。这意味着中国现行的货币政策体系面临困境，即通过广义货币数量来调节通胀的目的越来越难达成。如图2–9所示，M2与CPI的相关性持续走低，近三年货币数量对通胀的影响非常弱。

当前，中国货币政策是以数量型为主，以广义货币总量为中介目标，通过控制中长期贷款规模来调节货币总量，以达成就业、通胀、经济增长等宏观目标。但是，如今货币数量对通胀，乃至就业和增长目标的作用越来越弱。

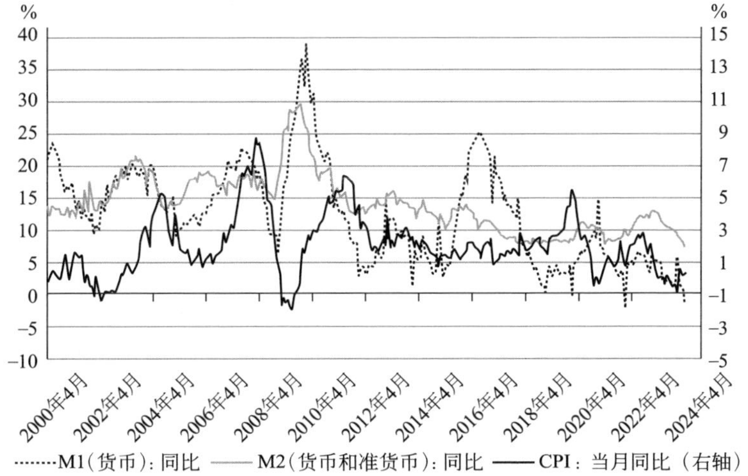

图 2–9　货币增速与 CPI 增速对比

资料来源：iFinD、智本社金融研究院。

怎么办呢?

简单来说，当银行的货币传导不畅时，央行需要开辟新的基础货币投放渠道，这个新的渠道就是债市。具体操作是，央行通过公开市场操作的方式买卖国债来发行或回收基础货币。如今，在债市上公开市场操作交易债券已经成为美联储、日本央行投放基础货币的常规手段，量化宽松是央行大规模购入债券来投放基础货币、应对流动性陷阱的非常规手段（注意区分）。

打个比方，中国现在的基础货币投放方式，相当于把鱼（基础货币）分发（贷款）给鱼贩（国有商业银行、政策性银行），鱼贩将鱼过水后卖给渔夫（贷款给企业），并从中赚取差价（净息差）。

美联储的基础货币投放方式是，直接将鱼投放到大海中，渔夫（商业银行、投资银行、政府、企业）可以拿着国债跟美联储交换美元。这样，鱼可以在大海中遨游，货币流动性大幅度上升。

2008年国际金融危机至今，美联储实施了两次大规模量化宽松。其间，尽管商业银行紧缩信贷，但美联储大举购债扩张基础货币，很大程度上补充了市场的流动性。这促使美国狭义货币增速超过广义货币增速，与中国恰恰相反。

当前中国房地产下滑，传统信贷投放渠道受阻，货币传导不畅，货币政策效果下降，需要开辟国债市场作为基础货币投放的新渠道。这相当于跳过了商业银行直接将货币注入市场。这种另辟蹊径的办法无疑可以解决当前货币传导不畅问题，进而有效地抗击通缩。

这种货币投放方式需要具备两个条件。

一是建立一个流动性高、融资效率高、收益率曲线完善的公开的债券市场。

如果债券市场缺乏流动性，国债品种不健全，交易主体有限，基础货币又进入商业银行、政府系统，那么货币配置效率难以提高。只有个人或机构能够随时买入并且随时卖出，国债才有吸引力，其信用才能够获得市场的认可，央行通过买卖国债来调节货币市场的机制才有效。现在政府主动或被动地在做大健全债券市场，投放不同品种的国债。

二是政府发行可靠的国债，央行储备国债发行货币。

央行购买国债发行基础货币的重要前提是国债信用高。在2014年之前，央行主要吸收外汇占款来发行基础货币。2014年之后，央行开始换锚，快速削减外汇占款的占比，同时大幅度增加对银行债权，即央行给商业银行提供的贷款，主要以政府债券作为抵押。当前，央行主要资产是外汇占款和对银行的贷款。接下来，如果央行购买国债来发行基础货币，那意味着央行第二次换锚，资产端的国债比例将上升。

但实际上，这是一个现代央行体系建设的系统性工程。中国需要建立现代央行体系，推动政策从数量型向价格型转型，将基础货币的投放市场从银行信贷转换为债券市场，将基础货币的投放方式从贷款转换为买卖债券，将中介目标从货币数量转换为短期利率，通过公开市场操作控制短期利率来调节整个市场利率，促进宏观目标的达成。同时，加大货币决策的透明度、公平性和预期管理。

最近50年，美联储经历了从数量型向价格型的转型过程。如今，全球主要国家央行都已经建立了以价格型为主的现代央行体系。相比数量工具，价格工具的优势更明显，短期利率向不同市场、不同期限、不同品种的利率传递更敏捷，对通胀、就业和宏观经济的调节更加有效。

要想应对当前宏观经济的难题——货币传导不畅、流动性不足和持续低通胀，中国需要与国际接轨打造更加高效健全的央行体系。

03
通胀与超长期特别国债

关于发行1万亿超长期特别国债，很多人关心两个问题：

一是能不能买，如何买？

这一次发行的1万亿超长期特别国债，选定几十家银行承销，保险公司、金融机构和个人从这些银行渠道购买。2024年5月17日上午，30年期超长期特别国债正式发行，总额400亿元，固定利率2.57%。

要不要买？

告诉大家一个资产配置的基本策略：当预期利率上行时，提前锁定负债端的利息成本，将利率控制在较低区间；当预期利率下行时，提前锁定资产端的收益率，将收益率固定在较高水平。

未来中国将进入利率下行通道，存款、基金和大部分资产收益率会随着利率下调而下降，国债和保险相对能够提前锁定收益率。比如，购买30年期国债就相当于提前锁定了未来30年年化2.57%的收益率，不愿意持有时可以随时卖出。近期，银行、保险等金融机构增配政府债券以锁定收益率。

二是是否会引发通胀，该怎么规避风险？

我们知道，国债的天敌是通胀。个人购买国债时会担心大规模发行国债可能引发通胀。购买国债是为了安全稳健且锁定收益率，可一旦通胀率上升至2.5%，就吞噬了所有的收益率。

这个问题背后是现代央行体系能否产生效果。央行购债发行基础货币的目的是提高货币配置效率，进而摆脱通缩，但是当通胀上升时，国债容易被抛售，这就是一组矛盾。

我们先看美国的操作经验：

2008年国际金融危机后，美联储迅速将利率降到零附近，随后启动量化宽松大规模购债，把通胀和股市从灾难中拉回来。但奇怪的是，2009—2019年，美国通胀长期低迷，CPI大部分时间都低于2%；而股票价格在2012年触底反弹，开启了长期慢牛（见图2–10）。在此期间，实体经济通缩，金融市场通胀。这可称为结构性通胀/通缩。

可见，现代央行体系中的超低利率和量化宽松政策，更易推动金融资产价格上涨，但对通胀的拉动依然有限。

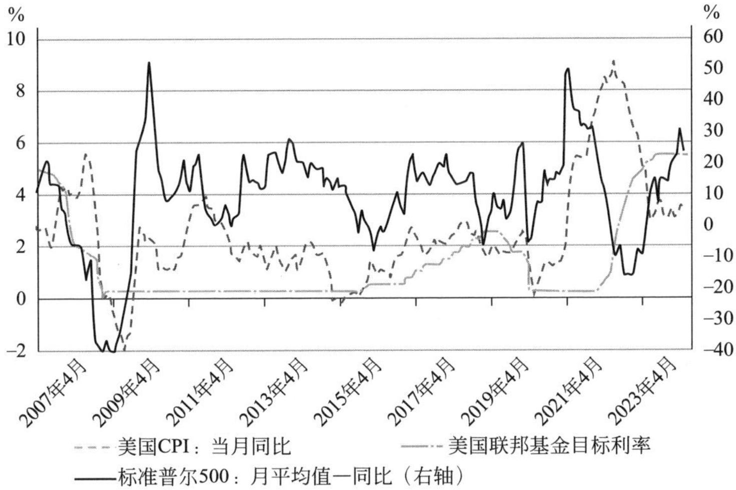

图2–10 美国CPI、联邦基金目标利率与标普指数变化

资料来源：iFinD、智本社金融研究院。

但是，2020—2022年的经济表现却截然不同。其间，为应对新冠疫情、美股“股灾”、石油危机和供应链危机，美联储实施“一键降息”和无上限量化宽松，金融与实体同时上演近40年最凶猛的大通胀，美股逆势反弹，CPI迅速飙升。

在这两次危机中，美联储的操作区别不大，但通胀效果完全不同。如何解释？

主要原因是美国财政部的财政政策做出了重大调整。美联储大量购债给财政部融资，后者将2.1万亿美元（占当年GDP的9.8%）以纾困基金的方式发给普通家庭。由于普通家庭的边际消费倾向高，普通家庭获得这笔“红包”后，即便在家失业的情况下也大肆网上购物。美联储扩张的万亿货币通过财政部的纾困基金迅速转化为家庭购买力，进而推高了通胀。

所以，在现代央行体系中，短期利率对利率敏感的债券、股票、大宗期货等金融资产的价格调节更加有效，同时施行量化宽松直接将货币注入金融市场，可以快速地拯救崩溃的资产价格，有助于阻断债务—通缩螺旋。但是，这两项政策对实体经济、通胀、就业的影响，依赖于财政政策配合。简单来说，财政政策将大规模的融资债券投放到哪里，哪里的价格就容易上涨。

回到中国，发行超长期特别国债的效果如何？能否摆脱通缩？是否引发通胀？

假定货币过剩的条件下，主要取决于货币流向哪里。

央行目前主要使用数量型工具，基础货币主要投放到商业银行信贷市场，由商业银行购买或承销超长期特别国债，中央政府获得融资。假如以后央行通过购债向市场注入基础货币，由于当前债市流动性不足，交易方式可能是商业银行向政府购债，央行再向商业银行购债，如此，货币较少流入市场，主要流入中央政府。

中央政府如何分配？超长期特别国债不计入赤字，也就是不列入一般公共预算，而是进入政府性基金，说明这笔钱可能分配到地方项目上，包括基建、民生、安全等项目。由于公共投资边际回报率下降，货币传导效率也不会明显上升，对通胀的影响不大。假如连续三年、每年发1万亿超长期特别国债，分配给普通家庭部门，普通家庭容易将其转化为消费，进而拉动通胀。

发行超长期特别国债还是选择控制通胀，是一个值得思考的问题。

当前中国经济持续低通胀，很多经济学家建议政府设法摆脱低通胀，央行官员也强调货币政策应更加关注市场价格的提振。那么，政府发行超长期特别国债将存款投放到市场上，是希望提振通胀，还是不希望通胀率上升？

如上所述，通胀是国债的天敌。像这两年美国通胀上升，国债下跌，央行加息，付息成本上升。反过来说，政府如果想要持续借债，借更多便宜的债，就会设法避免通胀。而避免通胀的办法就是，尽量不要把国债投放到价格充分的市场中，要把流动性控制在小范围，也就是投放到基建等项目中。另外，如果项目投资回报率持续走低，也会加大国债的偿付风险。

换言之，国债发行越多，政策压低通胀的倾向越大，但市场抬高通胀的动力却越强。这其实是两股力量的博弈，后者体现的是价格对政府发债、央行发货币的刚性约束。

这是一个大时代，大转型时代，对个人来说，出清的机会就在眼前。

创新：耐心资本与技术创新[①]

2024年4月，中央政治局会议强调："要因地制宜发展新质生产力。要加强国家战略科技力量布局，培育壮大新兴产业，超前布局建设未来产业，运用先进技术赋能传统产业转型升级。要积极发展风险投资，壮大耐心资本。"

高层会议首次提出"耐心资本"，受到市场的关注和热议。尤其是在"税收倒查"的舆论风口上，如何理解耐心资本，如何构建长期投资的制度环境，关系到市场预期能否改善，经济能否持续增长。

耐心资本是一种新的政策语言，国家基金是一种典型的耐心资本

从经济学的逻辑来看，资本的期限不以个人或机构的意志为转移，由市场价格决定。市场价格有效地配置资本、转移风险和安排期限。而"耐心资本"在资本的期限上增加了主观评价或要求。何谓耐心的资本？何谓不耐心的资本？或者说，如何衡量资本的耐心

① 本文作者：薛清和，智本社社长；赵建，西京研究院院长。

与否?

我们需要从顶层设计的政策语境的构建上去理解。近些年，中国涌现了很多新的政策语言，比如房住不炒、高质量发展、新质生产力，等等；党的十九大以来，逐渐构建了一套与之前简单的高速增长时代不一样的政策语境。我们需要在新政策语境下去理解耐心资本。

新的政策语言是针对过去经济发展中的问题而提出来的。目前中国将逐渐告别高速增长时代，用质量替代速度，追求高质量发展。如何实现高质量发展?过去人口红利时代，通过人口、土地、资本等资源要素的积累，推动经济快速增长。但随着人口增速下降，土地资源紧缺，这种增长动力逐渐式微，同时资本堆积形成的房地产泡沫、地方债风险也持续增加。这种生产力是旧的生产力，无法实现高质量发展。要想实现高质量发展，必须依靠新的生产力，即依靠技术、产业与制度创新来提高经济效率。

我们回到新的政策语境下去理解耐心资本。比如说，城投企业将大量的贷款投入与房地产相关的土地开发中，开发商以高周转高负债的方式做大房地产，居民加杠杆炒房，这固然是投资方式之一，但如果大规模如此操作，那么这种资本就容易推高债务风险。今天讲房住不炒，说的是房子回归居住本质，相应的投资房产的资本是耐心的，属于追求租金回报的一种资本。当然，这不能排除房地产的金融属性、财富属性。土地是国家的固定资产，对房价看涨不一定不是耐心资本。耐心的基础是信心，是对一个国家的发展充满信心，一般来说，对内体现在房价上，对外体现在汇率上。

可见，耐心资本的概念，接近长期导向资本，往往与长期主义联系在一起。跟短期投资或投机相比，耐心资本的投资期限更长、战略定力更足，与时间做朋友，与风险相伴随，坚持长期投资、价值投资，更可能聚焦在重大科技创新领域、国家基础设施领域，以及基础教育和人力资本提升领域。

耐心资本的提供者，可以是创业者、企业家、风险投资人、资本市场投资人，也可以是国有银行、国家养老基金、主权财富基金、央企国企。

在新的政策语境体系下，将耐心资本与高质量发展、新质生产力相结合，我们认为，高层会议倡导耐心资本，可能基于两点考量：

一是支持长周期的重大技术创新和传统产业转型升级，提升新质生产力，推动高质量发展。

二是支持政府逆周期调节，发行超长期特别国债，加大政府战略性投资。

当下，经济预期转弱，有效需求不足，民间投资低迷，防御性储蓄和定期储蓄大增，政府大量发行国债尤其是超长期特别国债融资，将投资期限拉长，把居民储蓄花出去，投资市场参与程度较低的战略性工程。

融资与投资的期限必须高度匹配，国家战略性工程是长周期投资，必须配置长期资本。粤开证券首席经济学家罗志恒研究发现，超长期国债的资金投向与各国公共财政政策目标紧密相连。例如，日本的超长期国债占比达到44.8%，主要用于再融资以及支持养老金支出等关键领域。德国的超长期国债占比达到27.8%，主要用于长期基础设施建设和绿色投资领域。中国超长期国债占比偏低，仅为16.9%，低于日本、美国、德国等经济体，仍有一定的提升空间。

根据当前的政策，超长期特别国债重点聚焦实现高水平科技自立自强、推进城乡融合发展、促进区域协调发展、提升粮食和能源资源安全保障能力、推动人口高质量发展、全面推进美丽中国建设等方面的重点任务。

国家主权基金、养老金、国家自然科学基金、超长期国债等国家基金是典型的耐心资本，它们的投资周期长、追求稳健，而且具有公共属性，长期投资大型基金、科学研究、养老与民生、教育与人力资本等领域。

风险投资是另一种耐心资本，金融市场越发达资本越有耐心

耐心资本的提出可能与2023年美国兴起的人工智能革命有关。这波人工智能革命浪潮，吸引了大量的风险投资与金融资本，并且推动英伟达、微软等七大科技巨头的股票大幅度上涨。在国际地缘政治风险持续增加的今天，国与国之间的技术竞争日趋白热化，中国对包括人工智能在内的新技术的投资越来越迫切。政府希望引导更多的资本，不仅包括国有资本，还包括更多的私人资本，投资到重大技术创新和传统产业转型升级领域。

不过，私人资本有其自身的规律，风险投资和金融市场是技术创新的重要条件，长期为大规模、高风险的技术创新提供融资。换

言之，风险投资是另一种可以长周期支持技术创新的耐心资本。

与国家基金相比，风险投资的“耐心”呈现不同的特点。

创新是从0到1的过程，存在不确定性，这决定了技术创新是一个风险事件。重大技术创新是高投入的迂回生产，周期更长，风险更大，那么如何降低投资风险？

风险是无法消除的，只能转移和有效配置。金融市场可以通过价格有效地转移和配置风险。比如，企业家（创业者）通过融资将一部分资产与风险转移给天使投资人，后者将其转移给风险投资人，风险投资人再将其转移给股权投资人，股权投资人将其转移给第二个股权投资人，第二个股权投资人通过公司上市将资产和风险转移给股票投资人。这还没结束，股票投资人将资产和风险转移给其他股票投资人，而其他股票投资人可能将资产用于质押或做成其他金融产品，如此，风险进一步转移到整个金融市场。

从天使投资、风险投资，到股权投资、股票市场，再到整个金融市场，这并不是击鼓传花的游戏，而是风险伴随着资产在不同市场的价格调节下层层转移、有效配置。让能够承担其风险的人继续承担，不能承担边际风险的投资者尽快出清。每个投资者在风险边际范围内为技术创新提供源源不断的融资，进而支持重大技术创新。

风险投资的成功逻辑在于流量，而非存量。对此很多人误解颇深。

比如，1993年，黄仁勋获得的第一笔融资是红杉资本的两位天使投资人联合投资的200万美元。1999年，英伟达在纳斯达克上市时，这笔天使轮估值已有38倍之高，而最新市值已达到惊人的2.8万亿美元。

相似例子在中国也有。2001年，南非报业集团以3200万美元代价从李泽楷、IDG资本和腾讯创始人团队手中收购了腾讯46%的股权。巅峰时期，这笔投资实现价值近1400亿美元，创造了4000多倍的投资神话。如今，南非报业集团依然是腾讯的大股东。

这两个案例是耐心资本的典型案例。不过，很多人对此有误解，认为死拿不放就是耐心资本。其实不然，风险投资的成功逻辑不是存量，而是流量，即流动性。

天使投资人长期持有英伟达，南非报业集团长期持有腾讯，其原因除了看好英伟达和腾讯的长期增长性外，还有一个很重要的原因是金融市场保持足够的流动性。金融市场越发达，流动性越好，风险配置得越充分，风险越小，资本越有耐心。如果金融市场不发达，流动性枯竭，资本只会想方设法卖出。所以，发达的流动性好的金融市场可以有效地配置风险，这支撑了资本的耐心。

风险投资也是一种耐心资本，其耐心来自"流量"，而非"存量"。国家资本是一种长期投资的耐心资本，是一种存量资本，而风险投资是一种高流动性的耐心资本，是一种流量资本。

其实，风险投资与国家基金高度匹配，二者可以相互协作、相互促进。发达的金融市场可以为国家资本配置风险，提供退出市场。在全球金融市场中，风险投资、股权投资成功地打造出了类似于英伟达这样的大型科技龙头股，而各种国家基金则广泛地参与其中（含指数ETF）。

制度性改革是培育耐心资本、促进技术创新的关键

如今，我们的投资遇到了一系列的挑战。比如，大量的银行贷款、民间资本进入房地产，消耗在炒房上，推高了资本泡沫和债务风险。过去地方城投企业借了大量短期债，投资了大量跟土地有关的短期项目，利率高，风险大。地方政府债务压力越来越大，部分地方加大了税收的征管力度，这一定程度上加剧了民间投资的担忧。又如，近些年民间投资信心低迷，外商投资增速下降，股票市场投机现象严重，耐心资本和价值投资不足。

如何构建有利于耐心资本、长期投资的市场环境？

以上问题可以分为两大类，并使用不同的方式来解决。

一是周期性问题，周期性问题需要政策来解决，提供政策性耐心。

当前，宏观经济的有效需求不足，尤其是房地产全面下滑后，民间投资下降，市场价格下跌，反推债务风险上升。当一个经济体面临资产负债表风险时，资本忙着避险，居民急着还债，不可能有耐心。怎么办呢？根据凯恩斯的经济政策，当私人部门需求不足时，政府应该主动出击，实施逆周期政策，主动扩张财政和货币，增加公共投资，拉动总需求修复。

货币政策上，央行需要果断施策，该降息时降息，尽可能压低实际利率，降低实际偿债负担和融资成本。在明斯基时刻，央行必须扮演最后贷款人的角色，充当最后的买家、边际定价者，成为资本市场的守门员，构筑私人投资的最后一道防线。

货币政策应高度重视预期管理，高度关注国民的市场情绪。当危机发生时，投资者恐慌抛售资产，央行应果断出击，大幅度降息，甚至实施量化宽松，大规模买入资产，很快就可以遏制恐慌蔓延。市场保持充足的流动性，资本才不至于过度恐慌。待市场缓慢修复，耐心则逐渐形成。

财政政策上，财政部应该突破常规，实施扩张性的财政政策。尤其是，中央政府需要大规模发行超长期特别国债，扭转当前央地债务与信用的错配，债务期限与风险的错配，化解地方债务风险，抑制地方征税、罚款的冲动，给民间投资提供安稳的营商环境；同时，提高中长期、超长期国债的占比，增加国家战略性投资，主动拉长投资周期，增加耐心资本。

政府需要通过加大公共支出直接为私人部门创造收入。根据新凯恩斯主义的观点，将财政资金转移给居民收入，由于居民的边际消费倾向较高，容易将财政资金转化为购买力，进而提振消费需求，市场流动性也会大大增加，可以迅速地改善市场预期。这是提振民间投资信心和消费需求最直接的办法。疫情期间，美国财政部发放纾困基金的效果在一定程度上验证了这一观点。

所以，恐慌的消除来自央行的果敢和担当，资本的耐心来自财政的坚守和有方。

二是结构性问题，结构性问题需要改革来解决，提供制度性耐心。

金融、税收、信贷等结构性问题，需要通过深层次的制度性改革来解决。为了提振民营企业投资信心，政府出台了很多措施。这些措施提供的是政策性耐心，从根本上来说，让民营企业放心安心投资靠制度性改革，形成制度性耐心。

比如金融市场改革。降低风险最好的办法不是打压金融市场、抑制流动性，而是培育发达的金融市场。怎么才能培育金融市场？构建市场化法治化的股票交易制度。所谓市场化，就是资本能进能出、自由进出，广大投资者决定谁能进、谁必须出、谁值多少钱，这样资本才放心、安心。所谓法治化，就是资本遵循契约，依据公开公正的交易制度来衡量风险与交易，这样资本才有耐心、有信心。股票市场是契约密集型市场，金融交易没有实体，每一笔交易都是合约交易，每一笔合约都依赖于交易制度保护。同时，监管机构应该着力打击内幕交易、违规套现、权力寻租等违法行为。

全国人大需要建立完善的司法体系来保护所有权、经营权和一切合法权益。经济学家德·索托（2000）揭示了资本的秘密，他提出资本为什么在第三世界难以获得成功，原因是这些国家缺少关键性的财产权表述。个人财产权、企业经营权无法得到法律的有效保护，这些国家的资本就无法持续增长。

比如，我们现在的城市土地使用权是50年或70年，如果宣布为永久，并从法律上确定下来，就可以增加资本的耐心和信心。农村集体土地的产权，如果能够进一步落实，产权交易就会更加顺畅、流动性更好，企业反而愿意在土地上做长期投资。

这里我们加入预期的因素。在转型国家，最开始难以形成像欧美国家一样完善的产权保护法律，预期管理就变得非常重要。在法律体系尚未完善之前，预期不稳定或逆转非常容易导致投资谨慎和资本退出。当前，我们需要对国家转型过程中的历史问题保持谨慎态度，不随意掀起倒查整顿运动；同时，打击抹黑民营企业家的恶劣行为，创造更加宽松包容的舆论环境和社会氛围。

反过来说，通过制度性改革，用法律来保障改革的成果，明确和保护个人产权、企业经营权和一切合法权益，可以最大限度地改善市场预期，激励耐心资本。

收入：资产负债表与名义增长

每当经济进入萧条周期，经济学领域就容易出现一些新的观念和理论。最典型的就是美国大萧条，大萧条被认为是宏观经济学研究的“圣杯”。这场危机促使费雪、凯恩斯等经济学家重新审视经济学，进而创建了宏观经济学。

如今，中国经济进入一个前所未有的新周期，遇到一些新问题，比如告别高增长、迎来低价格、名义GDP低于实际GDP、地方政府化债和投资约束、房地产市场下行、市场利率下降和大规模扩张国债，等等。

面对新问题，需要新观念，才能获得新方法。本文探索经济领域的新问题，提出一些不同于过去的观念。

01

放弃“三驾马车”，重拾资产负债表

中国宏观经济学界长期使用“三驾马车”的分析方法，即把投资、消费、净出口比喻为拉动GDP增长的“三驾马车”。这源自宏观经济学中的国民经济核算，从支出角度看，GDP是投资、消费、净出口三种需求之和。

“三驾马车”的分析方法以及决策思维存在诸多问题。

一是过度重视投资，忽视最终消费。

GDP由投资、消费和净出口构成，如果政府试图增加GDP，怎么操作？净出口受外部约束无法自主，消费受普通家庭财富总量、结构和预期的约束，短期内不易改变，而投资尤其是公共投资，是政府相对容易掌控的。

每当经济增速回落（如2008年、2014年、2020年），政府一般选择增加投资来拉动总需求。政府大量投资的产能，最终依赖净出口和消费来消化。如果国家的需求回暖，可以在相当程度上消化工业品产能以及相关园区、港口、铁路、高速公路等基础设施的产能（利用率），最终依靠政府投资和净出口增长带动宏观经济复苏。不过，房地产等不易贸易的商品一旦遭遇内需不足便产能堆积，从而导致过度投资的债务风险增加。

长期以来，宏观经济不断强化高投资率、低消费率的结构，最终出现内需不足、价格下降和债务累积的风险。

二是过度重视模块，忽视底层逻辑。

并非从投资、消费、净出口三个模块拆解GDP不正确，而是这种分析方法容易忽视底层逻辑。经济增速为什么下降？“三驾马车”为什么跑不动？可以用有效需求不足来解释。有人建议加大政府投资拉动需求，有人认为已经过度投资、债务风险大。到底能不能继续投资？投资能否被最终消费消化？关键看底层逻辑。什么是底层逻辑？资产负债表就是底层逻辑。

三是过度重视总量，忽视经济效率。

投资、消费、净出口是一种总量分析方法，容易关注数量而忽视效率。最近两年，我们发了不少货币，但是货币传导效率不足，资金滞存在银行系统。有些贷款、债券通过国企投出去了，但是支出乘数下降，对经济增长、居民收入的带动有限。关注数量但效率不足，而效率不足又会反过来约束总量投放。

为此有些人提出换马换赛道，摒弃房地产和城投，改投新能源、新基建、新技术，提出“新三驾马车”。其实，我们只需要改变过去“三驾马车”的分析方法和决策逻辑，更新观念，回归经济学正轨。

经济学的分析方法是“资产负债表+价格”。

经济学家一般以价格为主线来分析经济走势，价格是经济的神经系统，价格与供给、需求的关系是经济系统最核心的关系。宏观经济学关注的就是价格与总需求、总供给的关系。通常，价格与GDP走势高度相关，如CPI、股票价格、房地产价格、国债收益率、银行利率与GDP均存在一定的相关性。

宏观经济学家通过通胀率来判断经济是否过热或萧条，用国债收益率（曲线倒挂）来预测经济衰退。现代全球各国央行以通胀率作为货币政策的目标之一或唯一目标，通过短期利率（价格）来调节市场利率，进而影响投资与消费，实现通胀、就业和收入目标（泰勒规则）。

不过，中国经济学家和决策部门认为，中国的市场价格反应不够敏捷，不能充分反馈经济形势。例如，中国国债收益率与GDP走势的关联度不大。另外，由于金融市场流动性不足，利率在不同市场、品种和期限中的传递不畅，试图以短期利率来调节货币，难以达成通胀和收入目标。值得注意的是，中金公司研究表明，2021年后产出缺口与CPI的相关系数明显增大。①

在分析中国宏观经济时，我们需要考虑结构性问题——而结构性其实是经济改革的重点，只有结构性改革才能促使要素流通、价格彰显，最终实施价格分析法。

资产负债表（企业、居民、政府）是分析经济结构的有效工具，最近几十年被广泛地引入宏观经济分析中。英国经济学家韦恩·戈德利（Wynne Godley）尝试将会计学流量存量的分析方法引入宏观经济学，1996年发表了《货币、金融和国民决定：一种综合方法》一文，将资产负债表与宏观经济学相结合。广受批判的现代货币理论（MMT）就是在戈德利和明斯基的基础上发展起来的，兰德尔·雷在《现代货币理论》的第一章就先阐述了“宏观经济会计学基础”。当然，本文跟MMT没有太多关系。在戈德利之后，清泷信弘（Nobuhiro Kiyotaki）、伯南克、辜朝明将资产负债表引入信贷、金融和宏观经济研究中。

资产负债表与宏观经济存在什么关系？可以从三个角度来理解：

一是规模。

① 摘自中金公司2024年6月2日发布的《新宏观策略研究（一）：大分化时代的资产配置》。

资产负债表扩张，宏观经济增长；资产负债表衰退，宏观经济衰退。例如，居民买房，动用银行储蓄30万元作为首付，向银行按揭贷款70万元，那么居民负债端增加了70万元，资产端也增加了70万元（100万元总资产－30万元首付）；银行资产端增加了70万元（贷款），假如开发商收到房款后存入银行，那么银行负债端也增加了70万元（100万元总负债－30万元存款）。银行和居民的资产负债表均扩张，私人投资增长，银行信贷增长，宏观经济增长。

二是结构。

如果资产价格上涨，比如100万元房产升值到200万元，在利率不变的前提下，资产负债率下降一半，意味着居民的资产负债表改善，其借贷投资能力和消费预期增强。如果资产价格下跌，比如100万元房产下跌到50万元，在利率不变的前提下，资产负债率翻倍，意味着居民的资产负债表恶化，房产沦为负资产（资不抵债），其借贷投资、消费能力和预期被削弱。

三是乘数。

如果居民动用70万元储蓄归还70万元房贷，那么居民、银行的资产端和负债端均同时消失70万元。居民投资需求消失，银行借贷业务也就消失，如此可能引发流动性萎缩。

银行资产负债表与流动性之间存在乘数效应，银行扩张资产推动负债扩张，而负债又可以推动资产扩张，贷—存—贷关系催生乘数效应，进而派生大量的流动性。如果银行资产负债表衰退，意味着市场上的流动性以成倍的数量下降。

接下来，我们将资产负债表和价格结合起来分析。

02

重视名义增长，回归市场价格分析

过去，名义GDP长期高于实际GDP，但是如今却反过来了。有人认为，只要实际GDP增长，就意味着收入增长，不用担心。很少有人意识到名义GDP增速下降（长期低于实际GDP）的风险。

如果一个经济体没有负债，即便名义GDP下降，只要实际GDP保持增长，就意味着居民收入相对当下的物价是增长的，这并没有多大的问题。但是，如果一个经济体是有负债的，名义GDP下降或增速持续下降，即便实际GDP维持增长，也是在不断地累积债务风险。

过去，“三驾马车”的分析方法难以发现名义GDP增速下降的风险。该分析方法侧重于数量分析，不重视价格，而名义GDP增速下降（低于实际GDP），是因为价格下跌。

我们用价格与资产负债表（规模、结构、乘数）相结合的分析方法理解宏观经济。

第一，资产负债表规模收缩（衰退）定然导致价格下跌。

企业、居民减少贷款，甚至动用储蓄还款，意味着投资需求下降，在供给不变的情况下，价格下跌，尤其房地产、原油、汽车等供给弹性相对较弱的商品，价格下跌更为明显。

美国的信贷增速与商品价格、资产价格呈正相关。中国虽然相关性较弱，但债务扩大能力下降对价格的影响是明显的。自2021年开始，房地产贷款增速快速下降，2023年跌至负数，房价也迅速下跌。中金公司研究表明，2021年后，房价对于通胀预期的影响越来越大。[①]房地产周期下行的影响是持续的，推动人们的资产价格预期持续走低，改变消费投资行为，压低通胀预期。

而资产负债表规模收缩的原因往往是之前过度扩张。资产是有限的，这决定了债务扩张也是有限的。当债务扩张达到资产的阈值，资产负债表扩张曲线则进入拐点。银行资产负债表的扩张能力也不是无限的，其受制于居民和企业的资产规模。

第二，资产负债表的结构失衡将加剧价格下跌，而价格与债务之间一旦相互影响，可能形成向下螺旋。

资产负债表过度扩张，意味着债务透支，即预支资产，消耗投资和消费能力，价格自然下跌。如果三大部门均过度借债，那么市场价格下跌将是全面而持续的，消费品、大宗商品、房地产、金融资产等价格，以及工资和利率均下跌。

市场价格下跌可能进一步恶化资产负债表。市场价格下跌，推动名义GDP增速下降，居民当下的工资收入、经营性收入、资产收入增速下降，而负债具有刚性，假如政策利率保持不变，按此趋势，居民偿还债务的风险将持续增加。这就是上述讲到的名义GDP下降

---

① 摘自中金公司2024年6月2日发布的《新宏观策略研究（一）：大分化时代的资产配置》。

的风险。

第三，银行资产负债表的乘数效应下降对流动性带来致命伤害。

银行资产负债表的乘数效应与流动性的关系，是伯南克金融加速器理论的核心，也是理解现代宏观经济的生命线。这就好比小齿轮带动大齿轮具有加速效应，如果小齿轮降速或者传动带出问题，那么大齿轮的速度会迅速下降。

流动性是现代信用经济的血液，资产负债表是造血系统，价格是神经系统。现代爆发的金融危机，表面上是流动性危机，本质则是资产负债表危机，表现为神经系统（价格）崩溃。

金融资产和房地产价格下跌可能摧毁三大部门的资产负债表。比如，2007年的次贷危机，住房抵押债券被抛售，而当时美国投资银行、保险公司持有的金融资产和衍生品都是以住房抵押债券作为底层资产。底层资产的溃烂直接击穿了投资银行的资产负债表，引发了雷曼投资银行的破产。雷曼时刻出现后，金融市场出现流动性危机，隔夜拆借利率飙升，美国几乎所有银行都面临被挤兑的风险。此时，美联储及时出手为市场补充流动性。时任美联储主席伯南克以银行资产负债表崩溃触发金融加速器（反向）为理由而实施拯救银行的政策，也因此备受争议。

尽管中国的金融市场不如美国发达，但也要高度重视银行资产负债表反向乘数效应可能引发的流动性风险。首先，过度借债的开发商、城投企业和居民部门，其资产负债表扩张能力下降，限制了银行继续扩表，而提前还贷则直接消灭银行优质资产，进一步压缩其扩表能力；其次，作为银行最主要抵押资产（占比达到40%），房地产价值缩水，意味着银行扩张贷款的能力受约束，信贷增速下降，引致流动性下降；最后，防御性储蓄定存比例增长，而开发商贷款不良率上升、风险资产投放能力下降，同时给银行负债端和资产端带来压力，货币传导效应下降，进而抑制流动性增长。

所以，一个过度借债的经济体，一定要高度警惕名义GDP增速下降。而其内在逻辑是资产负债表规模收缩、结构恶化和反向乘数效应给市场价格带来冲击，从而引发名义GDP的长期衰退，乃至萧条。

是时候抛弃“三驾马车”了，长期坐在“马车”上自我感觉良好地欣赏沿途的风景，不知道马车为什么停下来，更不知道车出了什么问题，不知道马已精疲力尽、不堪重负。

回归市场价格，重拾资产负债表。

03

提振家庭收入，调整财政支出方向

新观念，新方法。

“三驾马车”的分析方法，其政策导向往往是政府扩大投资。如果没有最终消费的支撑，过度投资将进一步加剧价格下跌，加速名义GDP增速下降。

名义GDP下降是因为价格下跌，而名义的问题要先从名义上入手。回归市场价格，首要目标是重振市场价格。2013—2023年，日本央行把提振市场价格（通胀率）作为货币政策的首要目标。

有人说提振价格很简单，政府只要把水电燃气价格上涨就能轻易完成。如果提高公共服务价格，相当于以行政垄断定价的方式征税，容易引发滞胀。这里所讲的提振市场价格，是指通过提振有效需求来实现经济增长。

市场价格由货币总量和货币流速决定。我们先看货币总量。实际购买力由实际收入决定，但名义水平由货币总量决定。货币总量决定着名义GDP、名义收入、名义资产、名义购买力的水平。

与财政政策相比，货币政策主要负责总量，而扩大总量的常规性政策就是降息，即通过下调短期利率，推动整个市场利率下调，进而降低借贷成本，刺激融资和投资需求增加，为市场提供更多流动性。在出现经济危机的时刻，现代央行往往采取“一键降息”策略，以最快的方式遏制恐慌蔓延，避免流动性枯竭。

但是，如果利率降到零依然无效，现代央行就会采取量化宽松政策，通过购债（证券）直接向金融市场注入流动性。同时，在约束条件下，跳过商业银行直接给金融机构、企业贷款。现代央行实际上同时扮演了最后贷款人、最后买家和边际定价者的角色。它是居民资产最坚强的后盾，可以在市场恐慌中迅速扭转预期。

从应对日本大衰退、美国金融危机的经验来看，货币总量政策（降息和量化宽松）对资产价格提振的效果尤为明显，对实体价格

（以CPI为指标）相对较弱。2013年开始，日本、美国实施的量化宽松政策推动了日股、美股持续上涨，房地产市场也触底反弹。但直到此轮大通胀之前，日本和美国的通胀率均维持较低水平。

当前，市场预期央行还将进一步降息。过去接近两年的时间，由于价格下降的速度跑赢央行降息，实际利率上升且维持较高的水平。实际利率是市场真实的融资成本，容易抑制投资和消费，不利于价格复苏和债务出清。所以，央行需要加大降息的力度。

货币政策的总量工具是基本盘，财政政策的结构性改善工具是关键。

下面来说说货币流速。货币流速与金融创新、市场预期、基础货币市场、经济结构有关系，其中，经济结构对货币传导效率的影响是当前流动性的核心问题之一。

中国人民银行主要通过再贷款来投放基础货币，即贷款给商业银行，商业银行再贷款给企业和居民。过去居民按揭贷款、开发商、城投企业是借款主力，如今均熄火。商业银行风险偏好下降，更愿意给国企提供贷款。这是金融系统的结构性。

而更大的结构性是投资率过高、消费率不足，即资本配置失衡，投资主体占有过多的资本，抑制了最终消费，由于最终消费不足，投资回报率下降，进而又抑制了投资，整个市场的货币流速下降。

结构性问题根本上要靠制度改革来解决，尤其是围绕收入分配的各项制度改革，而财政政策可以在短期内通过再分配来改善。凯恩斯主义认为，在出现经济危机的时刻，家庭、银行、企业都在缩表，政府需要主动扩表，提振市场需求。凯恩斯主义各流派之间的分歧在于，政府主动扩表后财政资金如何分配。

例如，2020年新冠疫情期间，美联储采用后凯恩斯主义理论（现代货币理论）实施无上限量化宽松政策，美国财政部采用新凯恩斯主义（克鲁格曼）理论实施纾困政策。与2008年救市相比，货币政策大同小异，而财政政策主导的资金分配则完全不同，效果也截然不同。美国财政部将2.1万亿美元债务融资以补贴等方式发放给普通家庭。这一举措收到奇效，短期内扭转了市场预期，提振了居民消费，还引发了近40年最大的通胀。

美国此轮大通胀说明两个问题：一是美联储发行了过多的货币；二是美国财政部的发钱政策效果显著。

我们来看财政再分配政策如何影响货币传导效率。

政府有一笔4万亿元债务融资，如果用于基建投资，经过项目论证、立项、发债融资、投产、招标、转包，周期长效率低；又由于基建项目饱和、回报率下降，国企和上下游投资动力下降，带动效应和支出乘数也下降，这笔资金的流速自然较低；如果以转移支付的方式发给普通居民，普通居民的边际消费倾向高，容易将这笔“红包”转化为购买力，这笔资金就会像蚂蚁雄兵迅速扩散、快速流通，短期内提升居民消费福利、名义GDP和市场预期。

以克鲁格曼为代表的新凯恩斯主义，在财政政策上吸收了新古典主义的理论，主张将财政分配给居民、提振消费而不是增加政府投资。笔者将该政策称为财政资金市场化。其内在逻辑就是200多年前亚当·斯密阐述的经济学的基本原理，即广大居民支配这笔钱要比单个机构更有效率。

当下，中国经济处于转型升级周期，宏观经济研究和政策需要革新观念。当然，观念革新不止于此。

货币政策改革

随着中国经济转型，货币政策与金融系统也需要做相应调整。

中国人民银行正在推动货币政策体系从数量型调控转向价格型调控，以价格型指标作为货币政策的目标，更加重视货币政策传导效率与配置效率，更加关注市场的流动性与预期管理。

同时，中国人民银行正在加大购债力度，债市将作为基础货币投放的第二个市场，国债作为央行资产的比重将逐步增加。

现代央行体系：问题、案例、逻辑与条件

2024年6月，央行行长潘功胜在第十五届陆家嘴论坛上发表主题演讲。这是潘功胜自上任以来第一次系统地阐述中国当前的货币政策立场和未来货币政策框架的演进。7月22日，央行宣布，将7天期逆回购操作利率由此前的1.80%调整为1.70%。当天，贷款市场报价利率（LPR），1年期和5年期以上LPR均较上一期下降10个基点。几天后，MLF（中期借贷便利）利率“意外”下调20个基点。

这次降息意味着LPR报价的定价基础与MLF操作利率脱钩，实现了“换锚”，货币中枢从MLF转向7天期逆回购操作利率，央行开始通过控制7天期逆回购操作利率来调节货币。

这次降息是标志性事件、历史性转向，标志着中国人民银行货币政策从数量型调控转向价格型调控，向现代央行体系迈出了关键一步。

为什么中国人民银行实施转向价格型调控的货币政策改革？

主要原因是当前货币政策面临着一系列问题，核心问题是：总量政策对经济的作用越来越低。表现为广义货币增长，但通胀率下降，经济增长也下降。这说明货币政策存在失效的风险，货币流速

下降，政策传导效率下降。

过去，央行货币政策与总量目标挂钩，对M2、社会融资规模等金融总量增速设有具体的目标数值，近些年转为“与名义经济增速基本匹配”等定性描述。2024年以来，M2同比增速下降，M1同比增速持续低迷，金融机构多次预测或呼吁央行降息，但是预期均落空。

潘功胜行长在陆家嘴论坛上做了解释，他认为，这是一种需要打破的“规模情结”。近些年，央行的货币政策已淡出定量目标。潘功胜认为，现在宏观金融总量规模、社会融资规模存量超过390万亿元，M2余额超过300万亿元，宏观金融总量规模已经很大，总量增速下降是自然的，全部信贷增速要像过去一样保持在10%以上很难。潘功胜指出，存量贷款效率不高是突出问题。

这说明央行的货币政策立场正在发生变化，货币政策的重点不再是追求总量目标，而是提高货币政策传导效率，减少资金空转套利，盘活存量资金，缓解资源配置扭曲。

另外，央行实施货币政策改革的原因是支持政府融资。政府需要大规模融资，一方面支持地方政府化债，另一方面扩张超长期特别国债加大新产业的投资。过去，政府债券主要由商业银行持有，2021年开始商业银行大规模增持了政府债券，但是商业银行不能过度采购债券，这会压低银行的净息差。这个时候，央行站出来为商业银行解困，直接下场买国债为政府提供融资支持。

基于提升货币政策传导效率和为政府提供融资两个目的，央行启动了货币政策改革。改革的方向是什么？很简单，就是从数量型调控转向价格型调控，逐步建立现代央行体系。所谓数量型调控就是以数量目标为中介目标，进而形成的一整套货币政策体系；价格型调控是以短期利率为中介目标，进而形成的一整套货币政策体系。

为什么要进行价格型调控？

只有价格型调控才能解决货币政策传导效率不足的问题，建立以价格型调控为核心的现代央行体系是大势所趋。如今，美国、英国、日本、加拿大、欧元区等全球主要经济体都建立了现代央行体系。

从根本上来说，价格型调控的现代央行体系是最近30年全球经济尤其是金融业发展与监管的必然结果。

接下来，笔者以美联储为例，简单回顾其从数量型调控到价格型调控的演变过程，看看当时美联储是否遇到今天中国类似的问题（见图3–1）。

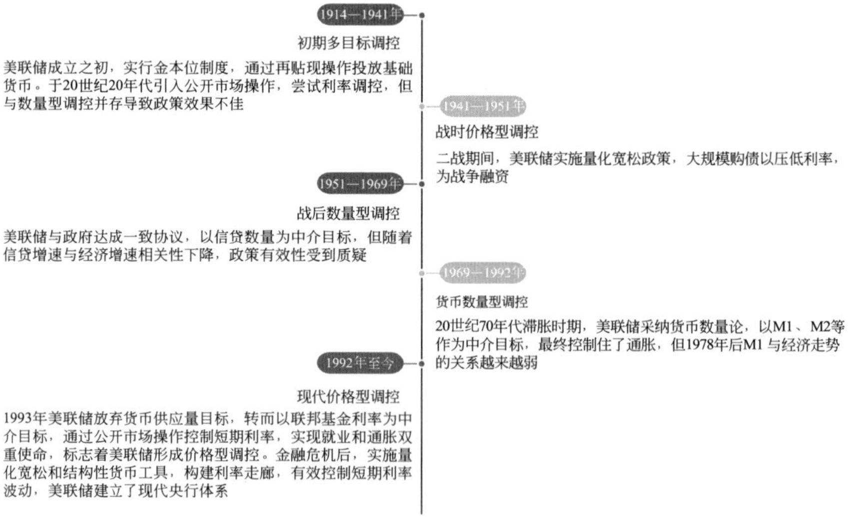

图 3–1　美联储从数量型调控到价格型调控的演变过程

资料来源：智本社金融研究院。

我们先看第一个阶段（1914—1941年），这个阶段美联储的中介目标比较混乱，有数量目标，也有利率目标，还有多目标。

美联储成立初期，执行金本位制度，实施清算主义和顺周期政策，当时唯一的有效工具是再贴现，也就是美联储通过再贴现给储备银行贷款来投放基础货币，而储备银行的贷款数量是货币政策追求的中介目标。这跟中国人民银行过去执行的政策类似。

到20世纪20年代，美联储引入了公开市场操作，开始通过买卖国债来调节短期利率。这个时候，短期利率的价格型调控和再贴现的数量型调控是同时存在的，但是效果不好。为什么？因为这两者会“打架”，会相互干扰出现剪刀效应。比如，美联储买入国债数量增加，利率就会下降，就会影响再贴现率。同时，短期利率和货币数量这两个目标很难同时达成。

2024年年中，中国货币政策从数量型调控切换到价格型调控时也出现过类似的剪刀效应。2024年7月，7天逆回购利率下调和央行购债预期，压低了中长期利率，导致MLF政策失效，于是MLF不得不跟着7天逆回购利率而下调。

后来“大萧条”爆发，美国政府宣布放弃金本位制度，美联储配合财政部实施“新政”。

再看第二个阶段（1941—1951年），这个阶段是价格型调控，以利率作为中介目标。

这个阶段，二战爆发了，美国政府需要压低利率为战争融资，美联储进行公开市场操作大规模买入债券压低利率，基础货币大规模增加。这个阶段，美联储实际上实施的是量化宽松政策，将价格型调控用到极致，目的是为政府提供战争融资。

接着是第三个阶段（1951—1969年），这个阶段是数量型调控，以信贷数量为中介目标。

1951年二战已经结束，美联储与美国联邦政府激烈斗争，要求政策独立，不再为其融资。最终，二者达成了《美联储—财政部协议》，美联储开始脱离政府的影响，独立地制定货币政策。

这个阶段，美联储不再盯着利率，而是将信贷数量作为中介目标。但是，信贷主要由银行控制，美联储主要通过控制再贴现的贷款量和超额准备金来实现。

到了20世纪60年代中后期，经济学家发现，信贷增速与经济增速的相关性下降，开始质疑美联储以信贷为中介目标的货币政策是否有效。

这一点，跟中国2021年后的情况很相似：信贷高增长但是通胀依然低迷。这背后是不是有共同的原因，这一点我们稍后再讲。

随后进入了第四个阶段（1969—1992年），这个阶段也是数量型调控，主要以货币数量作为中介目标。

20世纪70年代，美国出现了滞胀，美联储焦头烂额。这个时候，弗里德曼的货币数量论崛起，最开始弗里德曼的老师伯恩斯担任美联储主席，他把货币数量作为调控目标。但是，货币数量的指标是什么？当时美联储采用了M1、M2、M3多个指标，而且把目标设置过于宽泛，同时还要兼顾联邦基金利率，这就导致政策效果不佳。

1979年，沃尔克担任美联储主席后采纳了货币数量控制的政策，实际上放弃了对短期利率的控制，联邦基金利率短期内迅速飙升到20%。但是，1982年后，通胀最终还是被控制住了。

之后，美联储降低了对货币总量的追求，开始平稳联邦基金利率。1987年，格林斯潘接手美联储后，宣布放弃M1这个中介目标，原因是M1与经济走势的关系越来越弱。这一点跟中国2024年的情况是不是类似？美联储主要以M2作为中介目标，关注M2跟宏观经济的相关性。

再看第五个阶段（1992年至今），这个阶段是价格型调控，以联邦基金利率作为中介目标。

实际上，20世纪80年代末，M2跟宏观经济的相关性也在走弱。于是，货币政策面临改革。

1993年，美联储主席格林斯潘宣布美联储将放弃以货币供应量作为中介目标的政策，转而采取以联邦基金利率作为中介目标。从此以后，美联储一直采用以联邦基金利率为中介目标的价格型调控。

这是一个标志性事件，它标志着美联储正式建立现代央行体系，采用稳定的价格型调控政策。简单概括起来就是，美联储通过公开市场操作方式控制短期利率，进而影响整个市场的利率，最终达成就业和通胀目标双重使命，也就是最终目标。

2008年国际金融危机后，美联储在大规模降息后实施了非常规货币工具，也就是量化宽松政策；还调整了一些结构性货币工具，将商业银行的法定存款准备金率降到零，从而法定存款准备金制度这个政策工具退出历史舞台，取而代之的是自愿存款准备金制度。另外，美联储还构建了一条窄幅的利率走廊，利率走廊上限是超额准备金利率（IOER），利率走廊下限是隔夜逆回购利率（ON RRP），利率走廊宽度只有25个基点。公开市场操作和利率走廊自动调节机制有效地将短期利率控制在25个基点之间。所以，美国的隔夜拆借利率的波动是非常小的。

综上，可总结为，1993年之后，美联储实施了以联邦基金利率为中介目标的价格型调节政策，逐步完善了现代央行体系。如今，这个体系非常简洁、有效。在正常时期，美联储只需要通过公开市场操作和利率走廊自动调节机制就可以控制好隔夜拆借利率，影响整个市场利率，最终实现就业和通胀两大目标。在经济出现危机时，美联储除了启用短期利率工具外，还可以采用量化宽松政策和结构性货币工具。

继美联储之后，包括日本、英国、欧元区在内的全球主要发达经济体以及部分新兴国家央行都采用了以短期利率为中介目标的价格型调控政策。尽管具体政策上有差异，但基本框架是一致的。

那么，为什么全球主要经济体的央行都转向价格型调控？

主要原因是现实问题。

这个现实问题是过去美联储遇到的问题，也是中国经济在2021年愈加突出的问题——货币流速下降，货币数量与经济走势的关系越来越弱，货币政策面临失效风险。

数据显示，20世纪80年代末开始，不管是发达经济体，还是亚洲、拉美新兴经济体，货币流速都在持续下降。原因是什么呢？经济学家从很多角度去解释，比如老龄化、金融创新等。

数量型调控高度依赖于货币乘数，但货币乘数下降时，这个调控政策就趋于无效。所以20世纪80年代末期开始的货币流速下降问题迫使央行不得不作出改变。

另外，经济学家在理论上也做了很多探索。

数量型政策和价格型政策之间的争论由来已久。1970年，美国经济学家普尔（Poole）撰写了一篇非常重要的论文叫《简单随机宏观模型中货币政策手段的最适度选择》，这篇文章为货币政策的选择提供了一个经典方法。普尔的研究结论是，当实体经济不稳定时，货币供应量是最适度的中介目标，也就是数量型（工具）调控更有效；当金融不稳定时，利率是最适度的中介目标，也就是价格型（工具）调控更有效。

后来很多经济学家沿着普尔提出的方法进行测算。随着金融创新增加，投资银行崛起，金融不稳定性增加，越来越多的研究表明，价格型调控比数量型调控更有效，因此央行需要将短期利率设为中介目标。在实施价格型调控的国家，短期利率的波动性更小，更可能稳定金融市场。

斯坦福大学经济学教授泰勒提供了一个非常简洁的公式，通过这个公式美联储可以针对通胀缺口和产出缺口的变化来调整短期利率，这就是泰勒规则。泰勒规则成了价格型调控最核心的理论支撑。

中国人民银行于1996年确立以货币供应量为中介目标的数量型调控，1998年改为以M2为中介目标。之后，在相当长的时间内，中国人民银行都非常清楚，其政策框架要从数量型向价格型调整。比如，后来启用了MLF作为货币政策中枢。但是，MLF是长期利率，LPR被严格控制，货币政策还是以数量型为主。2024年这次改革，尤其是货币政策中枢从MLF转向7天逆回购利率，是建立价格型调控政策体系的关键一步。

不过，建立以短期利率为核心的价格型调控政策体系并不容易，它需要一些重要条件。这些条件包括：流动性很强的债市、完善的收益率曲线、发达的金融市场、更市场化的利率和汇率、更市场化的银行、央行决策公开透明和有效的预期管理。

2024年以来，中国政府大力发行超长期国债，除了为政府投资融资，很重要的一点是建立和完善能够快速传递价格信号的收益率曲线，同时打造一个发达的债券市场。这些都是为价格型调控做准备。

到目前为止，价格型调控是现代央行最有效的货币政策框架。关于它的底层逻辑，笔者认为是价格理论。价格型调控之所以有效，是因为它最大限度地释放了价格，尤其是中长期利率，让价格充分发挥调节需求与供给的作用，充分反馈与释放风险，进而实现货币与资本的最优配置。这就是价格型调控的内在逻辑。

货币政策改革：从数量型调控到价格型调控

央行的货币政策到底往哪个方向改革？

我们了解到，当前，美联储、欧洲央行、英格兰银行、日本央行、加拿大央行等全球主要发达经济体的央行都已经采取了现代央行体系，中国人民银行还不是现代央行体系，处于向现代央行体系过渡阶段。

现代央行体系以价格型调控为主，中国人民银行以数量型调控为主，正在向价格型调控转型。换言之，从数量型调控到价格型调控，是全球主要国家央行的发展趋势，也是中国货币政策改革的方向。

接下来，我们可以从13个方面来理解（见图3–2）。

第一，中介目标。

数量型调控的中介目标是基础货币数量，货币政策通常与M2挂钩，当M2下降时，央行降息。价格型调控的中介目标是短期利率，美联储使用的是隔夜拆借利率，通过控制隔夜拆借利率，进而影响中长期利率。简言之，控制短期利率，释放长期利率，美联储不能控制市场利率，而是最大限度地发挥利率价格的自由调节作用。中国人民银行正在将货币中介目标从中期借贷便利（MLF）利率转向7

天逆回购利率，7天逆回购利率也是短期利率。

	数量型体系	价格型体系
操作目标	广义货币的数量	基础货币的价格
中介目标	基础货币数量	短期利率
主要常规工具	再贷款再贴现	公开市场操作（买卖国债）
非常规工具	—	量化宽松、结构性货币工具
准备金制度	强制	自愿
利率走廊	宽	窄
基础货币投放	商业银行	债券市场
底层资产	国债、银行票据、房地产等	证券（国债）
配置效率	依赖货币乘数（货币流速下降）	依赖于发达金融市场、利率敏感
决策评价	公开度透明度低和预期管理不足	公开度透明度高和预期管理强
周期矛盾	央行逆周期与银行顺周期矛盾	央行逆周期、商业银行顺周期不矛盾
央行定位	最后贷款人	边际定价者、最后的买家
监管要求	隔夜拆借补充资本	债市补充资本（TLAC）
货币理论	货币数量论、黄金法则	Woodford理论、泰勒规则

图 3–2 货币政策数量型调控体系和价格型调控体系对比

第二，主要常规工具。

数量型调控的主要常规工具是再贷款再贴现，也就是央行直接给商业银行提供贷款。中国人民银行过去一直是用这种常规工具，也就是中期借贷。在现代央行体系中，再贷款再贴现比例非常少，不是主要常规工具。价格型调控的主要常规工具是公开市场操作，可以理解为买卖证券或国债。美联储通过买卖国债和利率走廊来调节联邦基金利率，只有在非常时期才会直接给银行和企业提供贷款。

第三，非常规工具。

现代央行体系的非常规工具，包括量化宽松、量化紧缩、结构性货币工具。需要注意的是，美联储的量化宽松、量化紧缩是非常规工具，公开市场操作是常规工具，两者尽管都是购债，但是含义不一样。为什么叫非常规工具？当利率降到零时，现代央行无法达到目标，只能采取非常规手段，比如量化宽松，所以叫非常规工具。这一点，美联储是非常明确的。当逆周期调节完成，美联储就会退出非常规工具，比如退出量化宽松，这可称为货币政策正常化。

按照现代央行体系，常规工具是利率，非常规工具是利率以外的工具，比如数量型工具。但是在数量型调控中，数量型工具是常规工具。比如，中国人民银行把利率工具当成常规工具，把买卖国债也当成常规工具。

第四，准备金制度。

在数量型调控时代，实施法定存款准备金制度，目的是保障存款的安全。但是，后来强制准备金率不断下降，最终降到零，自然就退出历史舞台了。原因是，法定准备金制度其实增加了银行的成本，不利于资本的配置，这对商业银行来说是巨大的资本浪费，甚至会增加银行风险。在价格型调控时代，发达经济体的央行都不再实施强制准备金制度，转而采用自愿准备金制度。以美联储为例，美联储的自愿准备金制度是超额存款准备金制度，就是商业银行自愿在美联储储蓄，美联储支付一定的利息，这个利率叫超额存款准备金率。美联储通过调整超额存款准备金率来影响超额存款准备金的规模。这有效地使用了价格机制，配置效率明显比强制准备金制度更高。

第五，利率走廊。

所谓利率走廊就是，央行构建一个包含上限和下限的“管道”，将目标利率控制在这个范围内，利率通过“管道”进而影响整个市场的利率。

通常，利率走廊上限是央行对商业银行的贷款利率，利率走廊下限是商业银行对央行的存款利率。为什么这么设计？这是一个非常巧妙的市场自动调节机制。比如，当市场资金紧张，利率上涨，商业银行可以按照上限利率从央行贷款，出于套利动机可以将目标利率控制在利率上限之下。又如，如果市场流动性过剩，利率下降到利率走廊下限之下，商业银行就会把多余的资金存入央行获取更多的利息，这又将目标利率控制在利率走廊下限之上。

不过，美联储的利率走廊设计与常规不同，其利率走廊上限是超额准备金利率（IOER），利率走廊下限是隔夜逆回购利率（ON RRP），利率走廊宽度只有25个基点。到目前为止美联储的利率走廊机制还是非常有效的。

中国过去的利率走廊，上限是常备借贷便利（SLF）利率，下限是超额存款准备金利率，利率走廊宽度达到250个基点左右。

不过，自2024年7月开始，中国人民银行货币政策的中枢从中期借贷便利利率调整为7天逆回购利率，那么利率走廊也在调整，上限可能调整为7天期的常备借贷便利（SLF）利率，下限还是超额存款准备金利率，将利率走廊宽度收窄到70个基点左右。

第六，基础货币投放。

过去数量型调控时代，央行往往通过再贷款再贴现来投放基础货币，就是给商业银行提供贷款。美联储在常规时期很少采用这种方式，日本央行曾使用过这种方式，中国人民银行长期使用这种方式投放基础货币，比如中期借贷便利。

进入价格型调控时代，央行通常选择在债市上投放基础货币，也就是在二级市场上通过购买债券的方式投放基础货币。例如，现在的美联储、日本央行，都是通过公开市场操作把基础货币投放到债券市场上，让银行、金融机构直接在债市上进行融资。在经济出现危机时，美联储、日本央行通常向债市大规模注入基础货币，这就是量化宽松。中国人民银行即将开启购债，意味着央行将开启第二个基础货币投放市场——债市。

第七，底层资产。

在数量型调控中，如果央行通过银行贷款市场投放基础货币，央行收取债权凭证后给银行提供贷款，那么在央行资产负债表中，债权凭证就是主要资产。在中国人民银行，债权凭证被称为对其他存款性公司债权，资产占比仅次于外汇占款。银行向央行借款，抵押资产是什么？一般是国债和银行票据等。

在价格型调控中，央行直接在债市上采购证券来投放基础货币，资产一般是国债、住房抵押证券、ETF 等，以国债为主。美联储的资产负债表中，国债是大头。

第八，配置效率。

值得讨论的是，基础货币投放到债市与银行贷款市场相比，哪个效率更高？

假设债市的流动性很好，收益率曲线是完整的，那么基础货币投放到债市上的效率更高。打个比方，央行将基础货币投放到银行贷款市场，相当于把鱼分发给鱼贩，鱼贩过一道水后再将鱼转卖给客户；把基础货币投放到债市，相当于把鱼撒到大海，所有需要鱼的人都可以在里面打鱼。

需要注意的是，货币政策传导效率高低与财政政策、经济结构有很大关系。

以美国为例，2008年国际金融危机期间，美联储通过快速降息和量化宽松的政策救市，大量美元注入债市，进而传递到金融市场，股票、房地产等资产价格在2012年底触底反弹，之后持续上涨。不过，实体经济相对低迷，长期通胀率较低。这说明：一是在危机期间，将货币注入债市的量化宽松政策，可以有效地拯救资产价格；二是在财政政策缺乏有效干预的情况下，货币政策的传导效率在金融市场好于实体经济。

再看2020年新冠疫情时期，美联储同样实施快速降息和量化宽松的政策救市，与上一次不同的是，联邦政府实施了有效的财政政策，在大规模融资后将大约2.1万亿美元的货币发放到普通家庭，进而形成大规模的超额储蓄，而这笔超额储蓄在全球供应链紧张的时候转化为消费，推动了美国经济复苏和通胀飙升。这就是财政政策对货币传导的影响。

我们看中国的情况。中国实施货币政策改革的一个重要目的是提升政策传导效率。2021年开始，银行系统大规模发放货币，但是对经济增长的推动非常有限，通胀率持续下降。同时，商业银行为企业提供贷款，但是大量的货币又滞存在银行系统。数量型调控非常依赖货币乘数，当货币乘数下降时，货币政策传导效率和货币配置效率自然下降。

如果央行把基础货币注入债市，能否改变这种局面？

这主要取决于三点：一是债市的流动性很强，依赖于发达的金融市场和对利率敏感的市场；二是财政政策的支持；三是政府实施结构性的改革。

如果央行购债，政府将大规模的融资投入基建上，货币传导还是不畅；如果将大规模的融资发放给普通家庭，这笔钱就容易转化为消费，那么货币的流速和市场的流动性会迅速改善。从根本上来说，货币流速下降是经济下行，投资和消费能力及信心都不足，政府要实施结构性制度改革才能解决本质问题。

第九，决策评价。

通常，数量型调控的公开度透明度较低，不是太重视预期管理。原因是什么？依据数量决策相对来说比较模糊，没有价格那么敏感，同时投资者、企业对货币决策的反馈也没有那么敏感。

在价格型调控体系下，利率的变动对市场的供给与需求影响很大，投资者、企业、银行、金融机构都盯着利率，依据利率变动而决策。这就要求现代央行的货币政策要保持公开和透明，同时做好市场的预期管理。有时，央行不一定需要采取实际动作，可以通过记者会等实施预期管理，最终达到目的。实践证明，预期管理对实现最终货币政策目标是有效的。

第十，周期矛盾。

在数量型调控体系下，央行逆周期与商业银行顺周期是矛盾的；在价格型调控体系下，央行逆周期和商业银行顺周期是不矛盾的，是各司其职的。这一点非常重要，但很难理解。

在经济下行时，市场风险增加，商业银行一般会减少贷款，回收流动性，商业银行是顺周期的。但是，央行作为公共机构，它需要实施逆周期调节，选择降息，降低融资成本，刺激商业银行向央行贷款，进而对外放贷。这就是顺周期和逆周期的矛盾。

但是，价格型调控可以解决这个矛盾。怎么解决？央行投放基础货币的渠道不再是银行贷款市场，即便商业银行实施顺周期的政策，减少贷款，也不会影响央行实施逆周期政策，因为央行可以直接将基础货币投放到债市上，直接增加市场的流动性。

其实，当经济下行时，市场厌恶风险和资本，但是渴望流动性。本质上，商业银行和央行的经营不同，商业银行经营的是资本，央行经营的是货币。

第十一，央行定位。

在数量型调控中，央行扮演的角色是最后贷款人。在经济出现危机时，央行可以直接给银行、金融机构或任何市场主体提供贷款。在价格型调控中，央行的主要业务不是贷款，其角色从最后贷款人转变为边际定价者、最后的买家。在经济出现危机时，现代央行开启“买买买”模式，大规模采购资产来稳住市场价格，成了最后的买家和边际定价者。

第十二，监管要求。

在数量型调控中，商业银行主要是从银行间的隔夜拆借市场中补充资金。但是，2008年国际金融危机爆发后，银行间的隔夜拆借利率飙升，流动性迅速枯竭。于是，国际监管部门对商业银行的风险监管提出了新的要求，《巴塞尔协议Ⅲ》要求商业银行从债市补充资本金，避免在经济出现危机时集中挤兑隔夜拆借市场。之后，欧美国家的隔夜拆借市场逐步萎缩，银行转向债市融资。

中国金融监管部门也要求银行的监管标准与国际接轨，并要求银行逐步从债市上融资以补充资本金（如TLAC），逐步符合《巴塞尔协议Ⅲ》的要求。通过上文我们可以知道，数量型调控不具备银行债市融资的条件，只有价格型调控才具有。

换句话来说，从数量型调控到价格型调控，也是国际监管大趋势，目的之一是降低银行风险。

第十三，货币理论。

数量型调控的货币理论是以弗里德曼为代表的货币数量论和索洛模型下的“黄金法则”，更加关注长期问题；价格型调控的货币理论是新的理论，是Woodford理论和泰勒规则，更加关注短期的变化。比如，泰勒规则是泰勒教授提出来的，这个公式很简洁，它描述了短期利率如何针对通胀率和产出变化进行调整的准则。1993年，美联储采纳了泰勒规则，通过短期利率来实现通胀和就业两大目标。

货币政策中枢：从MLF利率到7天逆回购利率

这次央行货币政策改革中一个非常重要的举动就是把货币政策中枢从中期借贷便利（MLF）利率切换为7天逆回购利率。

我们先来看2024年7月这次降息。央行先下调7天逆回购利率10个基点，紧接着1年期LPR和5年期以上LPR均下调10个基点。几天后，即7月25日MLF下调20个基点。

这次降息是历史性的。为什么这么说？

这标志着中国货币政策中枢从MLF转向7天逆回购利率，LPR与MLF脱钩，开始锚定短期利率。这是向价格型调控改革、建立现代央行体系的关键一步。

我们知道，过去的货币政策中枢是MLF，也就是中期利率，LPR在MLF的基础上加点形成。央行通过MLF+LPR的方式来调控市场利率，尤其是中长期利率。相反，以隔夜拆借利率为代表的短期利率，央行控制得没有那么严格，利率波动比较大。

现代央行体系下的央行却与之形成鲜明的对比。美联储控制短期利率，美国的隔夜拆借利率的波动率很低。发达经济体和一些实施现代央行体系的新兴国家，它们的短期利率波动率都很低，都是由央行来控制的，而它们的中长期利率波动比较大。这是现代央行体系的特点：控制短期利率，释放中长期利率。但是，中国人民银行相反，控制中长期利率，短期利率波动大。

为什么7月25日MLF利率下降20个基点，而且不按惯例出牌，在15日后还增加一次MLF操作窗口？

原因是，2024年以来，国债利率持续下降，压低了市场中长期利率，加上7天逆回购利率下调推动LPR下降，进一步推动市场中长期利率下降，作为央行中长期的政策性利率MLF需要跟随自然利率和新的短期政策性利率而下降。这说明7天逆回购利率正在成为新的政策性利率，而MLF只是跟随性操作。所以，这次MLF下降幅度较大，而且是增加操作。

这次改革意味着LPR跟MLF脱钩，锚定短期利率，也就是7天逆回购利率。货币政策中枢变成，央行通过调控7天逆回购利率，进而调节LPR，影响市场利率。

所以，从央行货币政策改革角度来看，本次降息具有历史性意义和标志性意义，标志着向着现代央行体系迈进，建立以价格型调控的货币政策体系。

很多国家是在20世纪90年代完成这一改革任务的。美联储在1993年放弃数量型调控，将联邦基金利率作为中介目标。韩国在1998年金融危机后实施改革。1998年之前，韩国采用的是数量型调控。1999年，韩国央行宣布将短期利率作为政策操作目标，这意味着韩国的货币政策从数量型调控向价格型调控转型。马来西亚在1995年之前采用数量型调控，1995—2004年，马来西亚逐步向价格型调控转型。2004年之后，马来西亚开始使用隔夜拆借利率作为政策调控利率，正式建立价格型调控体系。巴西在1994年遭遇通胀危机，巴西央行主要任务是稳定汇率。1999年，巴西央行意识到汇率被高估，宣布实施浮动汇率，汇率目标被迫退出，然后采用通胀目标，并且将隔夜拆借利率作为中介目标，这就是巴西的货币政策改革。墨西哥在20世纪90年代遭遇了金融危机，将准备金作为中介目标。直到2004年，墨西哥央行才宣布向价格型调整。到2008年，墨西哥央行正式宣布将银行隔夜拆借利率作为货币政策的操作目标，建立价格型调控的货币政策框架。

到这里，你可能发现，其实，不仅仅是发达经济体，像马来西亚、巴西、墨西哥这些新兴经济体，也都已经完成了价格型调控的货币政策框架搭建。中国从1993年开始实施数量型调控，但是，在2001年，经济学家夏斌发表了一篇文章《货币供应量已不宜作为我国货币政策唯一中介目标》。之后，央行提出货币政策从数量型调控向价格型调控转型。到2015年左右，央行对货币政策朝价格型调控改革的方向已经非常清晰。但是，这个转型是缓慢的。长期以来，央行都以数量型调控为主，将M2作为货币政策的目标，同时采纳数量型和价格型两类工具，使用MLF作为货币政策工具。工具箱非常丰富。

直到2021年之后，货币数量对经济的影响越来越弱，大量的信贷供给无法提振通胀，同时货币政策传导效率下降，央行不得不启动价格型改革。所以，这次价格型改革有两点：一是货币政策与M2等数量型指标脱钩，二是用7天逆回购利率替代MLF，作为货币政策中枢。

通过上面的分析我们知道，不论是发达国家，还是新兴国家，货币政策从数量型调控向价格型调控改革，是大势所趋。这个改革步伐，中国相对滞后，但如今也迈出了这关键一步。

明白了这一点，接下来，我们讨论两个问题：一是央行对短期利率的控制；二是价格型调控的效果。

先看央行对短期利率的控制。从历史经验来看，各个国家的货币政策从数量型转向价格型调控后，短期利率波动都会下降。换言之，央行对短期利率的控制更好。过去，中国人民银行主要控制中长期利率，短期利率的波动率要高于美国、加拿大、巴西等采用价格型调控的国家。未来，中国的短期利率波动也将下降。

价格型调控对短期利率的控制有两个非常重要的机制，一是公开市场操作，二是利率走廊。

在调节短期利率方面，利率走廊是一个非常巧妙的市场化机制。之前，央行货币政策的利率走廊是较宽泛的，上廊是常备借贷便利（SLF）利率，下廊是超额存款准备金利率。7天期逆回购操作利率取代MLF利率后，利率走廊也会收窄。

货币政策改革之后，央行通过7天期逆回购操作利率控制短期利率，在完善的收益率曲线的基础上实现由短及长的传导，影响各市场、各品种和各期限的利率。央行对短期利率的控制更好，利率走廊也会收窄。换言之，往后短期利率的波动率会下降，中长期的利率波动率会提升。

再看价格型调控的效果。

前面讲过，为什么到了20世纪90年代很多国家的央行都由数量型转向价格型。原因很简单，不论是美国、欧洲，还是巴西、墨西哥、韩国、新加坡，这些经济体的货币流速在20世纪80年代末开始持续下降，货币供应量与通货膨胀的相关性也持续下降。这说明数量型调控的货币政策逐渐失效。中国现在也面临这个问题。

20世纪90年代以来，随着金融创新，利率与经济走势的相关性越来越强。例如，利率对股票投资、房地产投资和消费的影响越来越明显，对居民流动性偏好和储蓄意愿的影响越来越大。在泰勒规则下，短期利率比较能够反映物价和产出的变化。

所以，央行为了提高货币政策的有效性，必须从数量型转向价格型，需要通过短期利率来调节市场。

为什么控制短期利率要比中长期利率更好？

这与银行系统的运行逻辑有关。银行系统的运行逻辑是“借短贷长”，即借短期的钱，放中长期的贷款，由于短期利率要低于中长期利率，银行可以从跨期利差中赚钱。银行最担心的是，短期与长期利率倒挂，就是短期利率上升，或者长期利率下降太快，导致短期利率高于中长期利率，这样银行就容易亏损，出现挤兑风险。

从资源配置效率的角度来看，央行控制短期利率，进而释放中长期利率，可以提升利率调节作用，提高货币政策传导效率。

以美国为例，除了隔夜拆借利率是由央行调控的，其他期限的利率，包括各个市场、各个品种的利率，都是自由波动的。这可以最大限度地发挥利率的自我调节机制。实际上，成熟经济体都实施自由利率，中长期利率都是自由利率，这就是价格原理。

再看中国，LPR与MLF脱钩，与7天逆回购利率挂钩，中长期利率能否得到释放，这取决于LPR的报价机制能否调整。

从资源配置的逻辑来看，必须放活中长期利率。金融系统有一个非常严重的问题是货币传导效率低下，原因很多，其中一个是利率被控制，它没有发挥出价格调节的作用。

但是，这个过程可能会比较缓慢。央行和金融监管部门可能考虑风险，在短期内还是会控制中长期利率，不会轻易放活。如果还是过去LPR的报价机制，那么中长期利率很难放活。

这里要讲货币政策改革的目的是什么。把中介目标设定为7天逆回购利率，目的是实现最终目标，也就是提振就业、控制通胀和促进经济增长。但是，如果只是为了控制利率而控制利率，就远离了我们的最终目标。

更重要的是，货币政策传导效率问题是一个制度性问题、结构性问题，仅仅依靠价格型调控是无法解决的，需要进行制度性改革，需要建立更自由化的利率市场、外汇市场、债券市场和银行贷款市场。

这次货币政策改革，还有一个很重要的任务就是央行投放基础货币的市场要从银行贷款市场转向债券市场。债券市场将成为未来新的主要的基础货币投放市场。

这是什么意思？

这里先解释一下基础货币。基础货币就是央行发行的货币，央行怎么发行基础货币？

通常有三种方式。

第一种方式是外汇占款。

央行与商业银行结汇，商业银行把外汇卖给央行，央行用人民币购买，二者互换，央行把基础货币人民币投放到商业银行，商业银行获得资金后再贷出去。在2014年之前，中国外汇收入规模庞大，央行主要通过外汇占款来发行基础货币人民币。

在央行资产负债表的资产端，外汇占款的比例很高（见图3–3）。从图3–3中可以看出，当时基础货币人民币的锚是外汇。通过外汇占款发行基础货币的好处是，央行不能随意扩张基础货币，受外汇收入的约束，这可以让人民币保持稳定的信用和价值。当然，弱点是央行发行基础货币缺乏主动权，属于被动发行。当外汇收入增加时，央行发行基础货币人民币的数量也跟着增加。

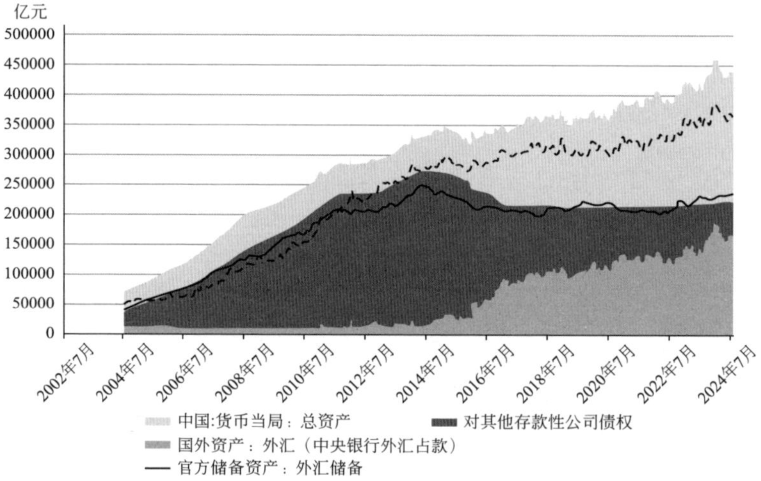

图 3–3 中国人民银行资产负债表（资产端主要项）

注：中国人民银行的资产负债表主要可以分为三个时期，2014年之前主要由吸收的外汇占款发行，2014—2016年开始调整，2016年后外汇占款比例下降，对其他存款性公司债权比例上升。

资料来源：Wind数据库、智本社金融研究院。

第二种方式是再贷款。

央行也是一家银行，给商业银行提供贷款，商业银行用国债等作为抵押。商业银行获得基础货币后向市场提供贷款。2014年后，央行不再对商业银行进行强制结汇，降低了外汇占款的比例，增加了再贷款的方式发行基础货币（见图3–4）。主要通过以下工具来投放：中期借贷便利、常备借贷便利、结构性货币工具。结构性货币工具是针对一些行业、领域的再贷款，比如抵押补充贷款。

图3–4 外汇占央行总资产的比例

资料来源：Wind数据库、智本社金融研究院。

在央行资产负债表资产端，截止到2024年8月，总资产43万亿元，外汇22万亿元，占比51%；体现再贷款的资产是对其他存款性公司债权，一共是16万亿元，占比37%。这两项资产合计占比达到88%。

换句话说，从2014年开始，央行换了一次锚，人民币的第一大资产是外汇占款，第二大资产是对其他存款性公司债权，也就是央行对商业银行的贷款。这有什么影响？

前面说了，外汇占款发行基础货币具有一定的刚性约束，不能随意扩张，但央行不具有主动性。而用再贷款的方式发行基础货币，央行掌握主动性，同时也不受刚性约束，商业银行可以拿国债等抵押资产向央行申请贷款。

这次换锚很大程度上推动了货币扩张，基础货币和信贷货币都大规模扩张。央行通过再贷款的方式大规模扩张基础货币，尤其是央行设立了不少结构性货币工具、再贷款再贴现工具为商业银行、政策性银行提供贷款。

例如，央行2014年设立了抵押补充贷款工具，2015—2019年这项贷款增加了3万亿元左右（见图3-5）。这项贷款工具通过政策性银行投放到棚改货币化市场中，推动了房地产价格大幅度上涨。另外，商业银行获得基础货币不再被外汇约束，开始大规模发放信贷，信贷和广义货币大规模增加，一度带来流动性泛滥，推动房价和债务大涨。

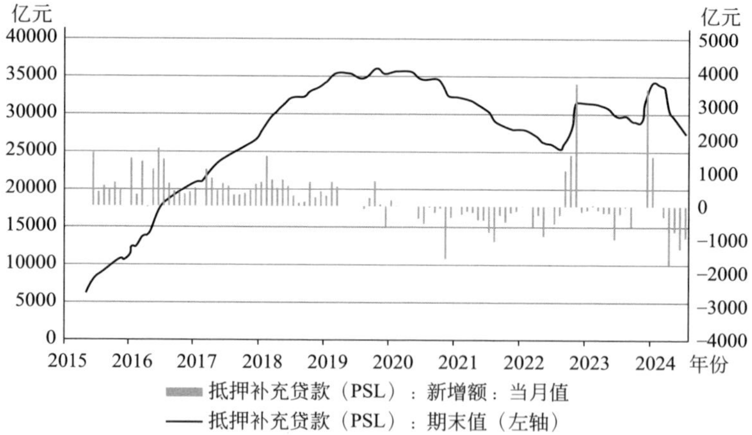

图 3-5　抵押补充贷款（PSL）变化

资料来源：iFinD、智本社金融研究院。

第三种方式是购买国债。

购债是什么意思？即央行用基础货币直接在债券市场上购买国债，基础货币流入债券市场。这种方式很简单，具体工具叫公开市场操作。反过来说，要把货币收回来，央行就卖出国债。在中国人民银行货币政策操作工具中，逆回购是买入国债卖出货币，跟美联储相反。

需要注意的是，公开市场操作买卖国债与量化宽松的区别。以美联储为例，在常规时期，公开市场操作买卖国债的目的是控制隔夜拆借利率，也就是控制短期利率，规模不会很大。在非常时期，一般是当利率降到零了，常规的利率工具用尽了，美联储就会在公开市场上增加国债的购买，规模一般很大，以中长期国债为主，而且有一定的期限，这就叫量化宽松。所以，量化宽松是定期定量的非常规手段。

中国人民银行有没有买卖国债?

过去，中国人民银行有几次购债，但是规模很小。截止到2024年8月，在央行资产负债表资产端，对政府债权只有1.5万亿元，占比3.4%（见图3–6）。这次央行的货币政策改革，其中有一项就是购债。潘功胜行长说，要逐步将二级市场国债买卖纳入货币政策工具箱。也就是说央行将通过购债来投放基础货币。

很多人把央行购债理解为量化宽松。潘功胜对此作了澄清："把国债买卖纳入货币政策工具箱不代表要搞量化宽松，而是将其定位为基础货币投放渠道和流动性管理工具，既有买也有卖，与其他工具综合搭配，共同营造适宜的流动性环境。"

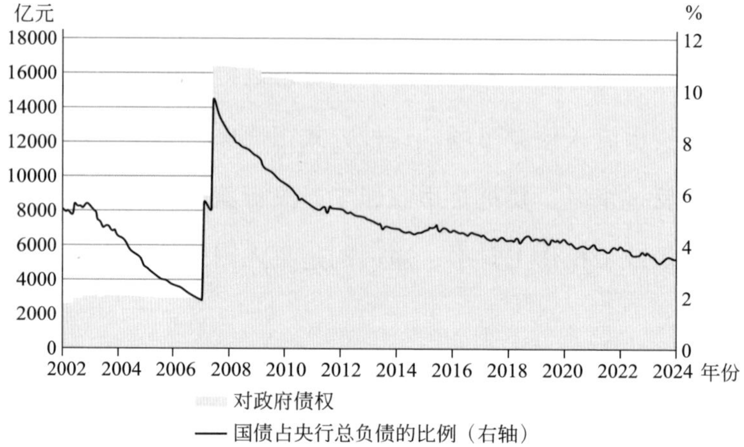

图 3–6　国债占央行总负债的比例

资料来源：Wind数据库、智本社金融研究院。

这句话什么意思？至少包含两层意思：一是将买卖国债作为一种常规工具，而不是特殊工具；二是将买卖国债作为基础货币投放的渠道和流动性管理的工具。

理解了上文，我们看，为什么央行要将基础货币投放的渠道从银行贷款市场转向债券市场？

其实，在二级市场上买卖国债，是价格型调控下投放基础货币的主要方式。

美联储很少通过再贷款的方式发放基础货币，主要是购债，美债占美联储资产负债表中资产的比重很高。日本央行曾经用过再贷款，后来也转向购债。如今，欧美国家的央行基本以债券市场作为基础货币投放的市场。欧美国家的央行买卖国债分两种情况：一是运用常规工具，也就是公开市场操作买卖国债，目的是控制短期利率；二是运用非常规工具，即在经济出现危机时，当短期利率降到零仍无效的情况下，实施大规模购债政策，即量化宽松，目的是通过大量购买中长期国债为市场提供流动性支持。

与美联储的量化宽松政策相比，中国人民银行未来购债的特点可能是：常规性、长期性、不定量、买卖双向、各种期限的国债都有可能买卖。

当前，中国人民银行启动债券市场作为基础货币投放市场的原因，主要有两个：一是政府化债和投资都需要大规模融资，央行直接购债为政府提供融资；二是现在的基础货币投放渠道效率不高，货币政策传导效率较低，货币流速下降。

这里重点讲，为什么银行贷款市场的货币流速下降?

原因很多，主要原因是商业银行、政策性银行是一个行政性垄断机构，且利率和汇率市场化程度较低，贷款无法按照自由利率的价格进行有效配置。

简单来说，央行把大规模的基础货币投放到商业银行、政策性银行，商业银行、政策性银行又把大量的货币通过贷款的方式投放给国企和其他具有国有背景大型企业，同时购买政府债券。央企、国企和政府把大量的资本投入土地和基建等项目中。

在工业化、城市化时期，中国对基建的需求量非常大，这种货币投放方式的效率还不错。但是，近些年传统基建项目投资收益率下降，地方政府被限制借债，同时投资谨慎，贷款增速明显下降。有些贷款即便投放给国企，它们也不愿意继续投资项目，又将大量的资本存入银行，出现了资金空转，货币流速下降。

另外，银行将廉价贷款投放给大型制造企业，不少大型制造企业严重拖欠供应商货款，然后从银行吸收廉价贷款，进而转贷给供应商，从中赚取差价。中国很多链主制造企业都是大型的贷款公司。这种不合理的信贷分配方式给整体供应链带来巨大的风险。

所以，现在将基础货币投放的渠道逐步从贷款市场转向债券市场。

有没有可能提振货币传导效率？

理论上是有可能的。在美国，与银行贷款市场相比，债券市场作为基础货币投放渠道，至少有两个益处：一是债券市场是一个更开放、流动性更好的市场，美国债券市场是一个全球性的流动性极高的金融市场，美联储将货币注入债券市场就可以以最快的速度将美元传导到全球金融市场。二是当经济危机爆发时，商业银行往往避险、惜贷，美联储很难通过贷款市场投放基础货币救市，但是美联储可以购债把美元直接注入到债市，以最快的速度做多资产价格，拯救金融市场。

但这也是有前提的，与银行贷款市场一样，债券市场必须是高度自由化的市场，必须具备三个条件：一是利率市场化；二是流动性好；三是收益率曲线完善。

中国现在是否具备这三个条件？

与银行贷款利率相比，债市利率相对更加市场化。这更有利于发挥利率的调节作用，提高货币的配置效率。不过，债券市场的流动性依然不高。国有银行和金融机构是政府债券的主要买方和持有者。换言之，如果央行购债，与贷款类似，也是将大量的货币注入到国有金融机构和政府。如果它们继续投资基建或者不愿意投资，货币流速依然无法提振。

接下来，重点讲收益率曲线完善。

什么是收益率曲线？就是不同期限的债券的利率，从短端到长端依次从小到大连成一条平滑的曲线（见图3–7）。

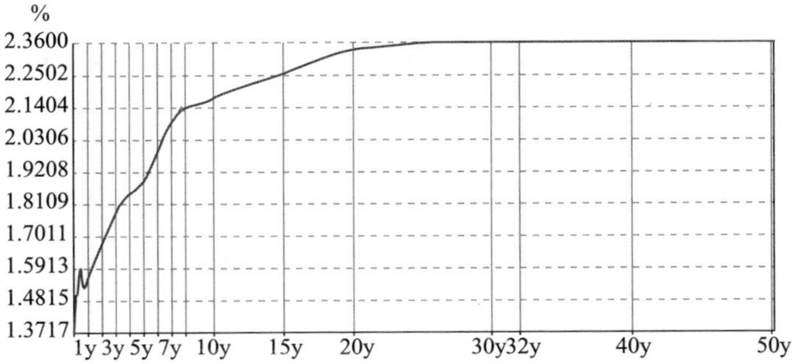

图 3–7 中国国债收益率曲线

完善收益率曲线，为建立以价格型调控为主的现代货币政策体系创造条件。为什么这么说？原因是，价格型调控的中介目标是短期利率，央行调整短期利率，短期利率再通过不同期限的品种迅速将价格信号传递到长端。如果中间少了10年期国债，可能传递效果就没有那么好。

2024年以来，中国财政部大量发行国债，尤其是中长期国债，其目的之一就是完善不同期限的国债，为价格型调控提供基础货币投放市场。

需要注意的是，从数量型调控向价格型调控转型的过程中，可能会遇到一些冲突，主要包括以下三点：

一是再贷款与购债相互冲突。

2024年以来，央行购债预期和商业银行购债推动国债利率持续快速下降，进而推动整个市场利率下降，导致现行的货币政策中枢（MLF）作用减弱，这被称为剪刀效应。美联储和日本央行在货币政策调整期间均遇到类似冲突。

央行决定借入国债和启动正回购工具，以打压长期限国债价格，提振国债收益率。2024年7月，MLF不得不一次性降低20个基点。在转型过程中，央行需要在买卖国债与MLF之间把握平衡，二者无法兼容，必须顺利过渡到购债上。

二是把买卖国债作为常规工具可能引发长短期利率倒挂。

美联储把量化宽松作为非常规工具，把公开市场操作定义为常规工具，当短期利率降到零后，再实施量化宽松，长端利率比短期利率高，因此不会出现这种倒挂风险。但是，我们把它作为常规工具，短中长期限的债券都可能购买，如果平衡不好会导致利率倒挂，如果控制太死又失去了活力，失去了价格型调控的意义。

三是如果加大金融改革力度，大量货币依然流入国企和政府，那么债市投放基础货币对货币流速的提振可能依然有限。

央行和监管部门需要对利率、汇率和银行部门进行市场化改革，形成利率敏感的金融市场。同时，价格型调控工具依赖于完善的收益率曲线，确保利率能够从短期向长期平滑高效地传递。

历史观

历史，如明镜，可自省，可鉴世。读史，有清风拂面、豁然开朗之感。

而经济学视角下的历史，就犹如一条曲幽小径，绿意盎然，趣味丛生。以经济学逻辑探寻历史，有时能从另一维度给文化史、社会史、政治史以照映、解读。

改革之路：三次经济会议

改革，是转轨型国家的根本动力。

1978年十一届三中全会之后，中国开启了改革之路、转型之路。从此，“改革开放”成为时代记忆里一个具有强烈中国特征的名词。

改革的走向关乎国家社会，更关乎个体的命运。经济体制如何改？是否走市场经济道路？如何走向市场经济？在关键的20世纪八九十年代，有数次经济学家参与的会议和讨论，与改革水流相交汇、相激荡。

改革也是一种考验。本文重新回到80年代，复盘三次重要的经济会议，看看那些平等辩论、求贤若渴、尊重知识、勇于捍卫的精神是如何推动时代前行的。

01
莫干山会议

20世纪80年代初的改革是令人兴奋而迷茫的。经历了三大改造之后，国内的经济生产运行模式以计划指令式为主，往什么方向改、怎么改、改到什么程度，没人能给出答案。这时，有着相似国情且率先迈步的东欧国家成为了重要的参考对象。

20世纪60年代，在东欧社会主义国家阵营里已经涌现了由计划模式向市场模式转变的实践探索。弗·布鲁斯、奥塔·锡克都是1980年前后被邀请来华的东欧经济学家。

弗·布鲁斯曾任波兰政府经济委员会副主席，参与起草了1956年波兰经济改革方案，他提倡“内置市场调节的计划经济”。20世纪60年代，布鲁斯因波兰的抗议示威活动而被免除职务，随后移居英国。奥塔·锡克在捷克斯洛伐克参与主导了“布拉格之春”经济改革，但是随着苏联出兵布拉格，他被迫流亡别国。即便这两人有着“政治身份”上的争议，但也因当时中国改革探索的迫切需要而被热情邀请。

1979年，弗·布鲁斯在社科院讲学，会议室挤满了人。中国经济学家拟了详细的十个问题请他作答，其中包含“计划调节与市场调节是什么关系”“成立公司之后，公司与企业之间、公司与国家之间的经济关系如何调节”“如何看待经济管理中的经济方法与行政方法”等，这些问题反映了当时国内对于市场经济的陌生。

奥塔·锡克来华后的演讲也引发了改革讨论的热潮。他参照捷克斯洛伐克改革的经验，提出了“先调后放”的价格改革方案，即通过模型多次计算出各类产品的一套“合理”价格，再慢慢全面调整。

锡克的方案得到领导层的一定重视。随后，国务院建立了国务院价格研究中心，由经济学家薛暮桥和马洪负责，定位为研究、设计解决价格改革方案的临时机构，测算理论价格、调查研究物价问题。这个价格研究中心后来合并发展成为了国务院发展研究中心。

当时，国内经济决策者、研究者们对于计划体制下经济改革的探索不止、跃跃欲试。1982年，刚成立的经济体制改革委员会开始筹备“苏联东欧经济体制改革讨论会”。不过，那段时间里，计划经济思想回潮，锡克的政治争议被扩大化，一度影响到即将要召开的会议，最终这场会议名义上由中国价格学会主办。

这是一场由专业经济学家参加的讨论会，是从当下的迫切需求出发、讨论实践的会议。邀请来的七人经济学考察团，他们不仅是经济学者，而且都在社会主义国家有过经济管理甚至改革的经历。除了布鲁斯和锡克，还有法国巴黎社会科学高等教育学院教授、曾在匈牙利外贸部工作的肯德，波兰国家物价委员会前主任斯特鲁明斯基等。另外，参会的人员还包括时任国务院经济研究中心总干事的薛暮桥、国家物价总局局长刘卓甫，由国家经济体制改革委员会委员廖季立担任会议主持。

1982年7月11日，这场会议在浙江省德清县莫干山召开，也被称为“莫干山会议”。会议召开前，双方约定“不见报、不公开”，保证了双方可以尽量纯粹、专业讨论现实问题。因此，这一次莫干山会议鲜为人知。

会议上，中方得知了当时苏联和东欧各国经济体制改革的动向存在几个特征：由片面强调中央集权向分权发展；逐步注意发展多种经济成分和多种经营方式、逐步重视市场机制的作用。譬如，匈牙利当时的具体改革方案——“某些国营的餐馆、浴室、理发馆等服务行业和一部分零售商业，用投标方式租给私人经营”，也为国内所了解。

这场会议上，苏联和东欧经济学者指出：“中国的决策者和经济工作者原以为很多经济上的问题是政策失误，然而究其根源，这些问题其实是中央计划经济体制下固有的、不可避免的，只有通过根本的经济体制改革才能加以解决。”这种论调，加强了中国改革者对改革困难的预期，也让这些经济学家从一开始就意识到了改革不是局部的、政策性的，而是系统化的，指向经济体制。

此外，会议上提出了一系列有价值的观点，譬如，东欧经济学者说，所谓“好的”指令性计划并不存在。凡实行指令性计划的国家，无一例外地存在着产需脱节、物资匮乏、资源浪费和低效益。仅仅从制订计划的技术上下功夫，并不能从根本上解决计划的缺陷。

有的学者认为，一些东欧国家在体制改革过程中，把固定资产投资权过多地下放给企业，是不合适的。社会主义的企业不可能对投资承担全部风险，投资成功了，企业可得到好处，失败了，最终还要由国家包下来。因此，企业总是倾向于更多地投资，或者说，它始终存在着一种“投资饥饿”。

再如，在社会主义国家存在着一种潜在的或隐蔽的通货膨胀，无论在经济发展水平低时还是水平高时，同样都存在物资短缺，存在卖方市场。

这些观点均被薛暮桥、刘卓甫、廖季立三人整理在《关于布鲁斯为首的经济体制考察团来访情况的报告》中。1982年8月，这份报告抄送给高层领导，得到了重视。

会议之外，外国考察团经过对国内几个城市的考察之后，一致认为：中国面积庞大、各地区发展不平衡，苏联和东欧的经验不能完全照搬，应当采取渐进改革方法。

第一次莫干山会议上，价格改革也是一个重点。有学者提出，用一台能够精密计算的计算机来随时动态调整缺陷，弥补计划体制存在的滞后性、局部性等。国务院价格小组的研究已经开展一段时间，这种以计算机代替中央计划的方式为薛暮桥、廖季立所质疑。布鲁斯或锡克提供的价格方案似乎都不适用于中国国情，这意味着，适合国内价格改革的方案仍然未有明晰的答案，需要我们自己摸索。

与此同时，一些小范围开放的经济政策也在慢慢试水。1982年9月，国务院审议通过了《关于逐步放开小商品价格实行市场调节的报告》，决定对6类160种小商品放开价格管理，实行市场调节。

第一次莫干山会议成果得到肯定后，第二次莫干山会议也随之发起。1984年9月3日，《经济学周报》等媒体联合发起了“全国首届中青年经济科学工作者学术讨论会”，这场会议最终选择在莫干山召开。这就是后来广为人知的“莫干山会议”。

如何筛选参加的经济学家呢？会议采用“以文选人”这样传统的方式，体现了对参与对象的极大包容。有1300人投稿，委员会从中选了120篇论文，120名作者得以参加莫干山会议。

会议以专题小组形式展开讨论，分成了价格改革、企业改革、股份经济管理、城市对外开放等8个小组。

如果说改革是摸着石头过河，那么价格改革则是水流最急最深的一处。来之前这群年轻人就得知，价格改革策略是“皇冠上的明珠”，所以对于价格改革的讨论也格外激烈。

国务院价格研究中心干事田源带来了“大步调整”的方案，而社科院的李剑阁提出了来自周小川、楼继伟的“小步快调”方案，这个方案采用一般均衡模型对比测算，引用了前沿的现代经济学。而当时寂寂无闻的西北大学研究生张维迎则提出了一个当时较为新颖的观点，他认为价格调整不能解决根本问题，应该放开价格，让市场起作用；针对能源、原材料等差价很大的生产资料，采用分批、分步的办法。

围绕这三派观点，年轻人讨论得热血沸腾。华生在回忆中写道，当时参会的都是年轻人，意气风发，思想单纯。由于发言人数过多，还发明出挂牌辩论的方式，有时争论到深夜。

最终，向领导上报的报告里选用了调放结合的“价格双轨制”，华生负责向领导现场解说。这其实是一种过渡式的改革思路。

事实上，莫干山会议之所以广为人知、影响至深，不仅是因为这场会议让青年经济学者走上舞台，一批青年经济学家崭露头角；更因为他们在平等讨论、自由探讨下的成果，留在了浓墨重彩的改革史上，“价格双轨制”最终得到了中央的采纳。这场会议涌现了一批思想进步的改革派官员和经济学家，这是改革时代宝贵的财富。

1985年3月，国务院在《关于加强物价管理和监督检查的通知》中提出：“按照规定允许企业自销的工业生产资料，由企业自行定价，但要加强管理和指导。”这一文件的下发，意味着计划外生产资料的价格不受控制，由市场调节，也标志着“价格双轨制”改革开始正式实施。此后一段时间里，同一种商品的市场调节价、国家牌价、国家指导价并存。

这一过渡时期的政策，成为改革路上一个值得思考的经济学命题。

02
巴山轮会议

莫干山会议后的一个月，党的十二届三中全会召开。这次会议通过了《中共中央关于经济体制改革的决定》(以下简称《决定》)，这对于市场化改革是一次极大的激励。

《决定》作为提出经济体制改革以来的首次全面性纲要，计划与市场、价格改革、宏观调控、所有制改革等诸多存疑的地方均有提及。这是份首次确立“商品经济”可行的中央文件，突破了把计划经济同商品经济对立起来的传统观念，文件甚至提出“所有权同经营权可以适当分开”。

《决定》强调了价格体制改革的重要性：“经济体制的改革，包括计划体制和工资制度的改革，它们的成效很大程度上都取决于价格体系的改革。”在具体的方向上，《决定》也对价格改革做出了指导，如应缩小国家定价范围，适当扩大有一定幅度的浮动价格和自由价格的范围。在这份文件末尾，则强调了“大胆起用中青年经济管理干部是当下迫切的任务”和“对人才务必不要搞烦琐哲学、求全责备，务必不要受派性和种种闲言碎语的干扰”。总的来看，这是对两次莫干山会议内容的良好回音和改革的正向激励。

到1984年底，经济出现莫名的升温，改革的考验也随之而来。在当年的政策刺激下，银行为了争取来年更大的拨款额度，全面放开贷款，12月银行放贷比上年同期增长了84%；而全年货币增发量达到262亿元，物价上涨幅度达到10%。

1985年2月，国务院召开省长会议，说服各省份紧缩投资基金和消费基金，但是效果甚微。这时，通货膨胀成为经济学界的热门话题，而且就应对政策展开了大辩论。当经济改革与经济增速爆发矛盾时，怎么办？

吴敬琏等人在起草经济改革方案时，曾提出改革应该在实施总量紧缩的政策前提下进行；而对经济增长速度的追求则与此方向相反。但是，另一派认为，通货膨胀是经济“起飞”阶段的典型特征，不应被压制。这种“起飞论”得到了许多青年学者的认可，它的理论基础来源于北京大学教授厉以宁的“非均衡理论”。该理论认为，货币供应速度有限的超前在经济开放阶段是一种有力的推动，也是出于经济自身的需求。

在这种情况下，巴山轮会议应时召开，主要讨论经济改革与宏观调控。

1985年初，国家体改委的廖季立找到世界银行的林重庚，希望世界银行能组织一次国际研讨会，再次讨论经济转轨与国家管理市场经济的内容。廖季立表示，中方与会人员包括政府各部委、参与经济政策制定的工作者和理论工作者，同时希望能邀请到国外对上述方面有实际经验的学者。

9月2日清晨，在重庆，一艘名为“巴山号”的长江游轮缓缓驶离。这艘3月份才下水的崭新轮船有着相当于三星级宾馆的配套设施，会议室、观光区、休闲健身区规划整齐。此时，82岁的薛暮桥正在为这场“宏观经济管理国际研讨会”致开幕词。

会场嘉宾席里，时任美国白宫经济顾问委员会委员的美国经济学家詹姆斯·托宾，英国著名政府官员、国际公务员阿莱克·凯恩克劳斯爵士，德国中央银行行长、著名国际货币政策经济学家奥特玛·埃明格尔，还有匈牙利科学院经济研究所研究部主任科尔奈赫然在座。

而中方的参会人员除了部级领导和经济学泰斗外，吴敬琏、高尚全、赵人伟这一群经济政策设计和执行的精干也在列，此外，会议还特意为40岁以下的中青年参会者预留了几个名额。

会议讨论以下几个重点问题：改革的目标模式、改革的方法和步骤、价格问题、经济过热、改革与经济稳定等。这场由需求驱动的会议氛围也极度热烈，全体会议、小组讨论、一对一讨论，中方学者抓紧时间向外国学者提问，讨论一度进行到深夜。

引起中外双方积极讨论的便是当下中国通货膨胀的大背景，与国内的争论不同，会议上多数经济学家一致认为应该对此进行调控和干预。作为凯恩斯主义者，托宾根据一串数据，指出中国当下面临着严重通货膨胀的危险，这让国内许多经济学家印象深刻。他主张中国应当将紧缩的财政政策、货币政策并行使用。

郭树清回忆这场会议时写道："作为与会代表，我亲耳听到来自多个国家的学者和专家异口同声强调保持总量平衡的重要性，并且以他们的切身经历告诫中国政府和学界，通货膨胀政策绝对得不偿失。"[①]郭树清是我国金融技术官员的代表，现任中国银保监会主席、中国人民银行副行长。

当时，中国还未完全脱离指令式的计划经济。科尔奈将经济干预方式分为两种：行政协调与市场协调，根据是否有控制又各自分为两种。会场大多数学者认为，中国的改革目标应是"有控制的市场协调"，而当时中国的发展连"直接行政协调"都未达到。[②]

这些有着并轨经济实践的学者详细传达了宏观调控的手段及主要政策，很多讨论解释了如何通过财政、货币和收入政策等工具管理总需求，如何以间接方式管理市场经济。其实，在此之前，国内的官员和学者对于宏观调控是颇为陌生的。可以说，巴山轮会议填补了国内对宏观管理的空白。

凯恩斯主义的宏观干预，在计划指令与自由市场之间走了中间路线。第一次莫干山会议让国内决策者意识到经济体制的问题，而这次巴山轮会议上，科尔奈用软预算约束和价格机制理论解释了计划指令下的长期短缺问题，让国内的经济学者对体制制约的认识更加深刻。此前还无法完全接受自由市场，托宾带来的宏观调控似乎

---

① 吴敬琏，樊纲，刘鹤，等.中国经济50人看三十年：回顾与分析[M].北京：中国经济出版社，2008.

② 吴晓波.吴敬琏传[M].北京：中信出版社，2010.

"恰到好处"。

现在对巴山轮会议的回忆里，夸赞"氛围好"的不在少数。众人对于外国学者对中国经济热情诚恳的建议印象深刻。负责会务工作、担任体改委秘书长的洪虎回忆："这场会议预算很小，外国专家拿到的报酬少，国内的更是一分没有。不过当时在改革领域有观点的人基本都请到了，能参会是一种荣誉；像郭树清、楼继伟都是'挤'进来的。"当时，郭树清年仅29岁，只是一名社科院的博士生；楼继伟也刚研究生毕业，在国务院办公厅调研室工作。

高尚全评价：巴山轮会议对宏观经济政策的制定产生了深远影响，对国内很多经济学家都是一次带有启蒙性质的会议。会议上学者们对通货膨胀需干预的一致声音不仅平息了学界的争论，也为中央随后采取紧缩的信贷政策起到了推动作用。

会议后，凯恩克劳斯爵士回国后向牛津大学"现代中国研究中心"提议，为中国设立"经济培训项目"。随后，1986—1994年，每年都有5~7名学子在世界银行赞助下前往牛津大学学习现代经济学课程，同时到英国政府部门、研究机构或投资银行实习。

03
九一座谈会

在莫干山会议后，"价格双轨制"改革迅速推进，国内生产流通市场的活力与混乱一齐滋生和扩大。

1986年，国家物价局政策研究室调查显示，钢材计划内部分国家定价为每吨700元左右，而计划外部分用户要支付1400元左右，双轨价差约1倍；原油计划内外价差4.95倍；煤炭计划内外价差54%。计划内外的差价诞生了新工种“倒爷”，这群人利用差价赚取暴利。更为严重的是，这种差价催生了寻租空间。在倒卖的刺激下，市场价格又飞涨一番。

1986年，价格改革的理论争论越发集中，而一场涵盖价格双轨制度去留、关乎价格改革定位的论战发生了。那就是经济体制改革的方案应该从哪步起走：是价格，还是所有制？

一方以北京大学教授厉以宁的观点为代表，他认为所有制才是经济体制改革的突破口。厉以宁论述的理由是，在当前经济非均衡发展的状态下，资源短缺且信息不流通；市场不完善，价格起不到充分调节经济的作用，即便对价格进行改革也无成效。

厉以宁给出的方案是以所有制改革为主线，随着向股份制的过渡完成，再分阶段改革价格，最终实现单一市场定价。他也提到了应对通货膨胀的方案，认为不能只依靠紧缩政策，更应增加供给；而增加供给仍指向了所有制的改革，即要对生产要素、产业结构和企业组织机制改革。

另一方则是以吴敬琏为代表的价格改革中心论，不过吴敬琏的本意是“整体配套改革方案”。在他看来，经济改革的最终目标是实现市场调节，这需要企业、自由竞争的市场秩序、宏观调控三者配套。也就是说，改革应该先改善整体的市场环境，这应成为一种系统性的配套改革，单改价格或单改所有制都无法成功。

这就是“厉股份”与“吴市场”之争。

在国务院发展研究中心就职的吴敬琏有过多次机会向中央领导层汇报这种整体配套方案。可是，整体配套改革方案的风险大，在一些人眼里过于激进，因此难以得到中央明确的首肯。在1986年上半年的一段时间内，整体配套改革方案没有被采纳，也没有被否决，中央仍然鼓励研究小组继续朝这个方向攻克，而且在多个全国经济工作会议、国务院常务会议中肯定了“建立良好的体制环境的重要性”，并给出了围绕“财政、税收、价格”三个方面展开改革的具体意见。

不过，1986年10月后，中央风向突然发生转变，以价格、财税、金融等整体配套的改革方案被搁置，以所有制为改革突破口的方案被采纳。1987—1988年，中央向下传达企业承包制改革的工作。

转变的原因众说纷纭，但综合起来大多落在价格改革的艰难性和当时的经济状况上。基于1985年突然紧缩的货币政策，1986年初原材料供应紧张、企业资金困难，工业生产下滑，2月经济还出现了零增长，“这种情况下，企业改革可能比价格改革和整体配套改革对帮助经济恢复繁荣更具有说服力”。[①]而对财政、税收改革也遭到国有企业、地方政府的反对，这注定短期内难以平稳完成。

1986年，配套改革方案的失败被一些人认为十分可惜，“错过了最佳的时机”。面对当年第一季度的生产下滑，央行的信贷政策随之

---

① 张军.不为公众所知的改革：一位经济学家的改革记述[M].北京：中信出版社，2010.

放宽。到1987年，通货膨胀则卷土重来。

不过，当时中央对于通货膨胀预期程度有分歧。吴敬琏、马洪等人认为通货膨胀急需管控，但是决策者认为还不至此。事实上，在价格双轨制度下，计划内的限价压制了物价上涨，造成了水面下的通货膨胀。

通胀持续上升，价格双轨制改革已迫在眉睫。1988年5月，中央决定开始以“价格闯关”的方式终结双轨制度。所谓“闯关”，主要是放开价格，让市场价格来决定。问题是，物价能否平复？

1985—1987年，国内通货膨胀率平均每年上涨7%。连续几年的物价上涨让老百姓提高了预期。1988年3月开始，随着一个个商品价格放开的执行，一波波抢购及涨价风潮涌起。从猪肉、豆制品、白糖等生活用品到名烟、名酒，抢购到了一种极其疯狂的地步，一些商场的库存瞬间清空。在当时的新闻报道里，甚至有人一口气购买200斤食盐、500盒火柴。

抢购潮也造成了部分银行的挤兑，老百姓去银行排队取出存款抢购——弃货币而追逐商品。1988年8月，银行储蓄流出26.8亿元。同年8月30日，国务院下发《关于做好当前物价工作和稳定市场的紧急通知》，指出价格、工资改革方案还需更长时间，实则宣告了“价格闯关”的失败。

随后，中国进入了缓慢的价格治理阶段。而在这场抢购潮平息后，消费降温，工厂商品积压、企业倒闭，失业率上升。同时，经济体制改革的成果也备受质疑，改革是否该继续下去？犹豫、迷茫充斥学界。

早在1980年，薛暮桥在起草初步改革方案时，便采用了建立“社会主义下的商品经济”这一说法，当时备受质疑。1982年，中央文件采用了这一说法，随后经济学界和政界的改革思想不断解放。然而，到了20世纪80年代末，连“商品经济”这一说法也变得小心翼翼了。经济体制改革能否继续往前走，与思想束缚的解放息息相关，任何时代都如此。

1990年7月，中央在中南海召开了一次经济问题座谈会，包括薛暮桥、刘国光、苏星在内的十多位经济学家应邀参加。吴敬琏与计划派代表激烈争论，他立场坚定，反驳了“计划经济与市场调节相结合”的方向，认为应该明确“市场经济”的目标。

1989年开始，东欧的社会主义国家阵营开始崩溃，波兰、民主德国、捷克斯洛伐克、匈牙利等纷纷改头换面，直到苏维埃政府宣告解体。所以，在这种国际局势下，国内谈改革，尤其是激进改革，是冒着巨大的政治风险的。

就在这个关键时期，中央在1991年10—12月接连主持召开了十一场座谈会，希望能够为来年中共十四大经济体制的改革政策收集意见。每一场会议为期半天，会议要求参会者围绕三个问题讨论：用马克思主义观点看战后资本主义经济的发展和现状、苏联和东欧剧变的根本教训是什么、怎样建设有中国特色的社会主义。①

中国社科院的刘国光、张卓元，国务院发展研究中心的吴敬琏、王慧炯、林毅夫，国家体改委的杨启先、傅丰祥、江春泽，中国银

① 张卓元.记酝酿经济改革重要思想的专家会[J].前线，2012（11）：3.

行的周小川，国家计委的郭树清等均被邀请。张卓元回忆道，这场座谈会气氛自由，发言顺序也不固定，大多数专家都不是按事先准备的发言稿讲话，而是着重讲意见。

刘国光、张卓元、杨启先、傅丰祥、林毅夫、周小川、郭树清等均反驳了倒车论调，在“资本主义为何垂而不死”和“苏联的剧变”原因探究上，众多经济学家提出了市场配置资源的作用，认为应当坚持市场取向，发展生产力。会上尤为关键的是，吴敬琏坚持“社会主义市场经济”的提法，保底也是“社会主义商品经济”，但前者更好。

1991年12月，这十一场漫长、激烈的座谈会结束后一个星期，苏联宣告解体。第二年初，邓小平南方谈话。随后，中共十四大召开，大会宣布“我国经济体制改革的目标是建立社会主义市场经济体制”，并明确指出要让“市场在宏观调控下对资源配置起基础作用”。至此，计划经济与市场经济的争执便退下舞台。随着各行各业价格管控的开放，市场价格迅速替代了计划价格，全国性的市场经济逐渐复苏、生长和繁荣。

复盘这三次关键会议，改革的过程其实是探索市场经济的过程，以市场价格为主线带动产权改革、经济管理改革以及思想转变。那是一个充满渴望与激情的时代。

在国家大转型的时期，改革需要智慧，更需要勇气。

致敬改革者！

在经济改革中引入预期管理[①]

预期管理，2008年后被美联储广泛地引入货币政策中而大放异彩，如今已成为全球主要央行常用的货币工具。但预期管理在制度改革中的重要作用却长期被忽视。在2024年7月党的二十届三中全会召开之际，如何改善社会大众、企业家和全球投资者对中国改革开放前景的预期，不仅关系到当下投资和消费信心修复、经济复苏，更关系到长远的国家转型和国家现代化事业。

问题的提出：如何提振民营企业投资信心？

当前，宏观经济面临一个难题，即如何提振市场信心。尽管宏观经济持续复苏，但市场价格依然不振，民间融资和投资需求不足。

数据显示，2024年4月，全国居民消费价格同比上涨0.3%，全国工业生产者出厂价格同比下降2.5%；社融增量为−1987亿元，狭义货币（M1）同比下降1.4%，广义货币（M2）同比增长7.2%，处

① 本文刊发于《香港国际金融评论》（2024年6月）。

于历史低位。前4个月，民间固定资产投资同比增长0.3%，明显低于全国固定资产投资同比增长4.2%。

中央政府高度重视对民营企业的支持，2023年出台了超过100条支持民营经济发展的措施；同时非常重视稳预期、提信心，2023年12月，中央政治局会议强调“增强宏观政策取向一致性，加强经济宣传和舆论引导”。

加强宏观经济政策的预期管理是非常有必要的，但稳预期、提信心最有效的办法还是改革开放。长期以来，学术界对制度改革中引入预期管理的研究不足。

哈佛大学肯尼迪政府学院讲席教授丹尼·罗德里克（Dani Rodrik，2003）曾提出：“中国缺少完备的私有产权保护，为什么还可以发展这么快？”根据新制度经济学的理论，产权的制度安排及保护是经济增长的前提，而这一理论似乎对过去中国经济持续高速增长的历史缺乏解释力。

对此，我们可以引入预期管理来解释。新制度经济学家往往预设产权，认为产权安排是假定的。在欧美国家，国家建制完整、产权制度完善，但在转型国家，由于社会制度处于转型期，缺乏完备的私有产权制度，因此有效的预期管理对国家顺利转型、经济持续发展至关重要。中国还是一个转型国家，如何改善市场预期，激励企业家投资、家庭部门消费，决定着经济的兴衰和改革的成败。

所以，将预期理论引入到新制度经济学的制度变迁之中，将预期管理纳入到转型国家的经济改革之中，既有理论价值，又有实践作用。

成熟的体系：预期管理在货币政策中的作用。

预期指的是个人对不确定性的预测和判断。新古典主义时代，马歇尔、威克塞尔将预期引入经济学研究中。不过，真正提出预期理论的是凯恩斯。凯恩斯将“不确定性”纳入经济学中，并在研究金融投资时提出了“选美理论”。

美国经济学家约翰·穆思（1961）最早在《合理预期和价格变动理论》中提出理性预期思想。芝加哥大学经济学教授罗伯特·卢卡斯（1974）在此基础上提出理性预期理论。卢卡斯论证，市场主体对宏观政策的理性预期，进而使得政府的宏观政策失效。几乎同一时期，经济学家Carlson 和Parkinson（1975）研究发现，通胀预期具有“自我实现”特征，可以通过改变市场主体的通胀预期，影响其消费和投资行为，进而影响真实通胀。

受卢卡斯理性预期理论的影响，学术界一直对宏观政策的预期管理比较谨慎，但政策部门对此做了大量的尝试。1993年，时任美联储主席格林斯潘宣布放弃数量型工具，采纳泰勒规则，实施以联邦基金利率为主的价格型工具。美联储的角色逐渐转变为市场中的交易者，格林斯潘领导的美联储频繁地利用市场预期与其他交易者博弈。不过，格林斯潘的预期管理因缺乏透明度而备受诟病。

到伯南克时代，美联储的预期管理进入成熟阶段。伯南克致力于货币决议的透明度、公开性，同时重视与市场保持沟通，美联储建立了固定的新闻发布会制度、前瞻性指引和货币政策目标等。

实践证明，明确的货币政策目标、操作程序和固定的议息会议可以帮助市场参与者稳定预期，同时也有助于美联储实施预期管理，提升货币政策的有效性。IMF（2023）的一份研究显示，发达经济体的短期通胀预期每增加1个百分点，通常会导致通胀上升约0.8个百分点，在新兴市场经济体中的传导效应也有0.4个百分点。当下，美联储试图通过调节通胀预期达到降低真实通胀的目的。

预期管理的核心，是明确的货币政策目标、操作程序，以及决策的透明度和公开性，关键是央行能够有效地付诸行动并建立权威性。

2003年，中国人民银行提出增强货币政策前瞻性的要求，此后中国在经济政策上越来越重视预期管理。2009年，国务院常务会议明确提出将开展通货膨胀预期管理作为宏观调控重要内容之一。近些年，中央政府强调“宏观政策取向一致性”“引导市场行为和社会心理预期”。

过去的经验：预期管理在改革开放中的作用。

近些年，预期管理逐步被引入中国宏观经济政策（货币政策、财政政策）中，但是在改革开放尤其是经济改革中，尚未形成一套完善的预期管理体系。

实际上，在改革开放的历史上，预期管理发挥着非常重要的作用。1982年初，中央下发两份紧急文件，要求地方打击经济犯罪，严惩投机倒把。温州抓了11人，其中8个人来自电器厂，被称为“八大王”。一夜之间，工厂主四散而逃，全国风声鹤唳。如何让外资、民众相信政府坚持改革开放？

1983年，胡耀邦在接见集体企业与个体劳动者代表大会上讲话："现在社会上有一种陈腐观念妨碍我们前进。例如，谁光彩，谁不光彩。我认为社会上有一群从事个体劳动的同志们，他们扔掉铁饭碗，自食其力，为国分忧，他们是光彩的。什么是光彩？为人民服务最光彩，为国家分忧很光彩，自食其力最光彩；什么不光彩？好逸恶劳不光彩，投机倒把不光彩，违法乱纪最不光彩。我请同志们传个话回去，说中央的同志讲了，党中央重视干个体自食其力的人，他们都是光彩的。"

这就是著名的"光彩讲话"。"光彩讲话"极大地改善了预期。第二年，一些个体户被请到中南海讨论问题，个体户姜维向政府申请创办私营公司。1984年11月9日，外经贸部领导告诉姜维，其申请的私营公司获得了国务院特批，问公司叫什么名字。他接过批文激动地说："公司就叫光彩，因为那是耀邦同志起的。"光彩公司也就成为了改革开放后第一家私营公司（工商企私合字001号）。这一年，涌现了一批具有代表性的企业和企业家，如柳传志与联想、张瑞敏与海尔、王石与万科、南存辉与正泰……1984年，因此也被称为中国企业元年或企业家元年。

邓小平是预期管理大师。邓小平一直坚持、呼吁、推动改革开放，尽管当时条件不够成熟，但他不断地鼓励地方官员"摸着石头过河""思想更解放一点，胆子更大一点，步子更快一点"，向全党全社会释放中央政府持续改革开放的决心与信心。1992年，邓小平来南方考察，他说："中国只要不搞社会主义，不搞改革开放、发展经济，不逐步地改善人民的生活，走任何一条路都是死路。”邓小平南方谈话扭转了当时对改革开放事业的悲观预期，一扫持续多年的经济阴霾，大大激励了地方官员、企业家、外资投入经济建设中。

在国家转型的进程中，中央政府敢作敢为、持续推动改革开放是关键。20世纪八九十年代，中央政府实施农村土地承包改革，激活了农民的积极性；打破了计划经济体制，开放市场引入外资，允许私人企业和个体户经营；推动城市土地改革，所有权与使用权分离，引入外资落地园区，实施商品房改革，推动房地产和城建发展；对国企实施大刀阔斧的改革，破除国企垄断，激活了私人企业投资。

除了主动实施强有力的改革开放政策外，中央政府维持了一个相对宽松的舆论环境和民间自由度，这对预期改善起到了非常重要的作用。

在地方，“GDP竞赛”让政府官员的工作目标更加明确，激励了地方官员大力招商引资。学术界对“GDP竞赛”的争议很大。有些学者认为，没有证据表明，官员考核晋升和经济增长之间存在关系，既缺乏明确行政考核制度的支持，也缺乏统计数据的支持。

其实，不论地方官员谋求经济发展的目的是什么，不可否认的是招商引资工作将政府职能回归到以经济建设为中心。在法律尚未完善之前，地方官员往往以红头文件（地方政策）的方式特事特办，鼓励企业家先行先试。诸如经济特区、工业园区、乡镇企业、私人企业、个体户、商品房、互联网、电子商务、网络支付等，都是先由红头文件突破体制障碍，待这些市场发展起来后法律再跟进。在改革开放中早期，地方政府大规模具备灵活性和行政特色的政策

（非法律），很大程度上支持了企业家敢闯敢干，这是一种成功的预期管理经验。

1986年，深圳政府邀请经济学家张五常研讨出让土地的可能性。张五常提出，土地的共有权不变，而使用权、收入权及转让权可界定为私有，同时要明确使用权的范围。1987年12月，深圳开启了全国第一块土地拍卖，深圳特区房地产公司以525万元的价格竞得该地块的使用权，这是中国房地产发展历史上"中国第一拍"。这一历史性突破，推动了土地使用制度的根本性变革，跨出了土地商品化、市场化的重大一步。但其实，当时的宪法还不允许城市土地拍卖，很快这一突破性尝试推动了宪法修订。1988年，宪法修正案增加了"土地的使用权可以依照法律的规定转让"。

在改革开放的历史进程中，尽管司法体系不够完善，产权保护制度尚未形成，但中国政府实施了成功的预期管理，让民众、企业家、创业者、投资人以及欧美官员、外资企业相信中国会持续改革不断开放。

预期管理的路径是：中央政府改革开放的信号与行动—地方政府和企业家敢为人先，突破体制障碍—红头文件支持企业家尝试和市场经济发展—产业兴起和经济增长—法律跟进确认其行为和身份的合法性—地方政府、企业家自我强化或被称赞为时代的改革者、先行者。

这是中国改革开放的预期管理模式。任何一个环节出问题，预期都可能逆转，经济增长将放缓，改革开放事业将受挫。

未来的改革：预期管理可以提升市场信心。

在党的二十届三中全会召开之际，政府需要提升民众、外资、企业家对中国改革开放事业和经济持续增长的信心，不仅要加大宏观经济政策的预期管理，关键是需要完善改革开放的预期管理。

预期管理的关键是政府信用，即政府需要释放深化改革、扩大开放的信号，更需要用实际行动推动改革开放，以符合甚至超越民众的期待。

首先，需要明确改革开放的目标。

改革开放只是手段，而不是目的，我们不能一直改革、长期改革。中国需要通过改革开放实现国家现代化，即“两个一百年”奋斗目标。如果能够推出改革开放的计划，列出详细的改革开放清单，包括农村土地改革、国有企业改革、住房改革、财政制度改革、税收制度改革、货币制度改革、银行体系改革、社保改革等改革清单，那么就能够稳定民众对改革的预期，并极大地改善社会大众乃至全球投资者对中国经济前景的长期预期。需要建立一套可预期的改革决策程序，而决策的透明度和公开性是预期管理的有效法宝。

例如，市场准入负面清单是一种非常清晰的预期管理制度。它遵循“法无禁忌即可为”的原则，除了政府规定哪些领域不开放外，其他行业、领域和经济活动都许可。世界上大多数国家均针对外商投资实行负面清单管理模式，这一做法符合国际惯例，可以改善外资对中国市场开放的预期。市场准入负面清单（2023年版）保留156项“禁止或许可事项”。如果政府向市场明确按计划压缩负面清单的项目，那么外商和市场对开放的预期就会更加稳定。

同样，如果住房改革明确每年完成多少套保障房，同时分解到各个城市，市民对获得保障房的预期会大大增加。如果社保改革明确缴纳多少社保，退休后能够拿到多少退休金，那么年轻人缴纳社保的动力也大大增加。如果国有企业改革明确石油、电信、低空、低轨卫星的开放准入计划，那么企业家对这些领域的投资自然抱有期待。

其次，按照既定的计划强有力地推进改革开放。

改革开放的计划相当于是政府对民众的一种承诺，而付诸行动可以大大提高政府的权威性和信任感。民众对党的每一届三中全会都充满期待，党的十八届三中全会通过的《中共中央关于全面深化改革若干重大问题的决定》对当时的市场激励很大。回顾历史，我们会发现，按照明确的计划强有力地推动改革，是满足民众期待最有效的办法。

最后，改革开放的每一项成果都需要通过司法改革，并形成完善的法律来巩固。

法律的保护具有根本性、合法性，同样政府需要在司法改革上形成可预期性。如此，中国便可以形成一个相对完整的关于改革开放的预期管理模式。

除此之外，宽松的舆论环境和民间自由度对改善预期也大有裨益。就改革开放的诸多事项允许更为广泛的深入的探讨、争论，给予企业经营活动更大的试错空间，对诋毁诽谤企业家的行为严惩不贷。

对于转型国家而言，改革开放是第一生产力，预期管理成功与否决定着这一道路的曲直成败。

地方化债与财政改革

当下，利益关系之复杂艰深，当以财政改革为突破口。本文分析财政制度改革。

01
改革

中国现行的财政体系主要是由1994年分税制改革奠定的。

在改革开放之前，财政体系单一，财政收入主要靠公有制企业缴纳利润，税收占财政收入的比重只有50%，税收制度不完善。改革开放后，中国开始实施“以税代利”的财政改革，税收占财政收入的比重上升到90%左右。但是，对国有、集体、民营、外资、个体户实施不同的税制，出现了“多轨税制”，税收混乱且有失公平。当时，中国正在实施关键的价格改革，从计划价格逐步转向市场价格，政府过度使用税收来调节价格，扭曲了税收政策的目标。

1987年，在全国“一包就灵”的改革大潮下，政府开始实施财税大包干制。在财税大包干制中，政府与企业更像是一种交易关系。不同性质的企业与所隶属的管理部门签署税收、利润承包合同。这种制度试图通过简单粗暴的市场方式处理过去财税制度的问题，但与现代财政制度是相背离的。财税大包干制实施的时间不长，但问题很突出，主要包括：

一是财政收入下滑，中央财政陷入困境。财政收入占GDP比重从1979年的28%下滑到1993年的12%；中央财政收入占财政总收入比重从1983年的40.5%下滑到1993年的22%。实施财税大包干制期间，中央财政连续赤字，多次向地方借钱，甚至直接向中国人民银行借贷。

二是地方保护主义强化，地方经济藩篱兴起，地方财政不平衡加剧，广东及沿海经济特区财政富裕，中西部省份财政困难，但中央又无力对其实施转移支付。

三是缺乏公开、公平、稳定的税收制度，税利承包不透明、缺乏监督，税收寻租空间大，经济腐败严重。

1994年，时任国务院副总理的朱镕基全面推行财政税收制度改革。这就是分税制改革。分税制改革涉及税收、预算、价格、金融、投资、外贸等众多领域，是一项整体性的财政体系改革。

财政部原部长楼继伟认为：“1994年税制改革，是新中国成立以来规模最大、范围最广泛、内容最深刻的一次税制改革，初步构建了社会主义市场经济的税制总体框架。”①

---

① 楼继伟.1993年拉开序幕的税制和分税制改革[J].财政研究，2022（2）.

我们重点关注三点：

一是重构中央地方的财权与事权。何谓财政，“财”主要是收入与支出，“政”是行政权力与责任。财政体制改革的重点是改革各级政府之间的财政关系，主要是财政收支与事权责任的匹配关系。分税制改革的目标之一是改变财政“强枝弱干”和地方保护主义的财政格局，增加中央财政收入比重，同时强化中央对落后地区的转移支付。

分税制改革将税收划分为中央税、地方税、共享税三大类。改革后，中央税收收入占比要大于地方税收收入。将主体税种增值税收入作为分享税，75%归属中央，25%归属地方。

启动分税制改革的1994年，中央财政收入占财政总收入比重就从前一年的22%立即上升到55.7%；按一般公共性预算口径，该数据此后基本维持在50%左右。

二是取消财税大包干制，打破“多轨税制”，实施统一税收，建立以增值税为核心，所得税为补充，营业税、消费税、资源税为辅助的税收体系。

设立复杂核算的增值税作为税收核心，是分税制改革最关键的部分，决定了改革的成败。1994年，增值税收入占税收总收入比重达到45%；此后基本维持这个水平。这决定了中国税收结构以流转税为主。

三是建立与市场经济相匹配的现代政府预算管理制度。之前是有多少花多少，不够再向国企收取一笔调节基金，但自1995年开始实施预算法，由政府编制一般公共预算。

另外，兼任央行行长的朱镕基取消了人民银行分行的再贷款权力，只能提供信息和监管。这是人民银行改革的重要一步，阻止了中央财政直接向中央银行融资，化解了中央财政赤字货币化风险。

但是，这次财政改革，“财改”大于“政改”，中央地方的税收划分大调整，但事权责任变动不大。这就出现了中央和地方事权和支出责任划分上的不合理。简单来说，地方财政少，但承担的支出责任大，在事权上要全面负责地区的教育、交通、医疗、环境、公共事务、社会福利等。

如何解决这个问题?

分税制改革设立了税收返还机制，即中央财政将部分税收返还给地方，以平衡央地财政关系；同时通过转移支付的方式加大对落后地区的财政支持，以缓解地方财政不平衡的矛盾。1994年，中央财政对地方的税收返还达到1799亿元，占当年财政收入总量的62%。这很大程度上降低了改革的阻力。为了确保税改的顺利和税收返还的稳定，对增值税、消费税采取增量等比返还的方式。上缴给中央的增值税和消费税收入每增长1%，中央对其税收返还增长0.3%。

分税制改革后，全国财政收入随着经济增长而“水涨船高”，每年中央和地方的财政增速均高于经济增速。中央对地方平衡性转移支付规模也持续加大，1999年为75亿元，2009年上升到3799亿元，2019年达到15332亿元。

客观上说，分税制改革是一项非常成功的制度改革。2002年12月25日，朱镕基接见全国财政工作会议代表时讲道：“可以说，这些年的财税体制改革，是新中国成立以来力度最大、成效显著、影响深远的改革，是决策科学、设计周密、实施有力、运行平稳的改革。”①

02
债务

分税制改革后，中央财政收支持续增加，但地方财政一直偏紧。中央税收返还和转移支付依然没有解决地方财政收入不足与支出责任过大的矛盾。

于是，地方政府“穷则思变”，终于在土地上找到突破口。分税制改革时，中央将城市国有土地使用权出让金收入划拨给地方政府。当时，全国性城市化和房地产市场化还没兴起，各级政府没有意识到土地出让金的巨大潜力。更何况，城镇住房制度改革的基调还是“不能操之过急”。

1997年，亚洲金融危机爆发。为了应对经济危机，朱镕基提出：“应加快住房建设工作，让其成为经济新增长点和消费热点。”改革共识逐渐达成。1998年房地产市场化改革启动，2002年《招标拍卖挂牌出让国有土地使用权规定》出台。

房地产市场化改革激活了这个市场。随着房地产市场的迅速崛

① 楼继伟.1993年拉开序幕的税制和分税制改革[J].财政研究，2022（2）.

起，地方政府的土地使用权出让金收入也大规模增加，很大程度上缓解了地方财政困境。从2003年开始，中央财政启动全国性大基建，地方财政启动遍地开花的房地产。

分税制改革是否催生了土地财政?

楼继伟不认同这种说法。其实，不论地方是否缺钱，地方都有实施土地财政的动机。为什么？一个重要理由是，中国长期实施GDP考核竞赛，各级地方政府功能财政冲动强劲，渴望扩大财政支出以做大经济规模。房地产市场化后，长期宽货币宽信用、国有银行制度和非市场化利率为土地财政创造了绝佳条件。

然而总体来说，1998—2007年这十年属于房地产市场化的十年。房价上涨迅速，是之前土地价值被抑制的反弹，也是经济和收入快速增长的结果。这十年，地方财政还不能定义为土地财政，财政收入主要来自税收，尽管土地出让金收入快速增加。

2008年，国际金融危机爆发，紧接着，中国推出“四万亿”救市，央行实施宽松政策，房地产市场迅速反弹。

2014年，随着救市刺激效果减退，各地房地产库存大增，于是，全国开启了棚改货币化。棚改货币化指的是，政府直接以货币的方式补偿被拆迁户，后者拿到货币到市场上去买房。问题是政府的钱从哪里来?

2014年4月，中国人民银行创设了一种工具叫抵押补充贷款（PSL）。中央银行通过PSL向政策性银行（如国开行）提供贷款，政策性银行再向地方政府提供贷款。数据显示，2014年7月，中国人民银行向国开行注入为期3年1万亿元的PSL，利率为4.5%，用于支持棚户区改造、保障房安居工程等。2015年6月，央行再次向政策性银行进行PSL操作，利率下调至3.1%，规模达1.5万亿元。PSL的期末余额从2015年5月的6459亿元，迅速增加至2017年2万亿元左右的规模。

PSL多数投向三四线城市，相当于对三四线城市的房地产市场实施定向宽松货币。从2015年开始，全国房价普遍性大涨，新一线城市和三四线城市上涨迅速。

2008—2017年这十年是房地产从市场化过渡到货币化的十年。土地出让金收入大规模增加，地方“土地财政依赖度”越来越大。2012年财政部门增设政府性基金收支账本，当年地方政府性基金收入3.42万亿元，其中土地使用权出让金收入为2.85万亿元。土地使用权出让金收入占地方政府性基金收入的83%，占当年地方一般公共预算收入的46%。

2015年，新预算法实施，政府预算设立四个账本：一般公共预算、政府性基金预算、国有资本经营预算和社会保险基金预算。其中，一般公共预算收入主要是税收，政府性基金预算收入主要是土地出让金，国有资本经营预算收入主要是国有企业利润，社会保险基金预算收入主要是社保收入。

到2017年，土地使用权出让金收入上升到5.2万亿元，占地方政府性基金收入的比例上升到90%，占地方一般公共预算本级收入的比例上升到56%。另外，2007—2016年，地方税收占地方财政收入的比重从82%下降到74%。这说明地方的土地财政依赖度持续增加。

土地财政增加的同时，地方债务规模迅速扩张。2007—2016年，财政赤字占地方生产总值的比重从5.28%上升到9.37%。2017年，全国地方债务余额首次超过了国债余额。2020年末全国地方债务率（显性债务余额/地方综合财力）超过97%，逼近国际警戒区间下限（100%）。另外，全国地方的隐性债务规模大、风险高。

但是，需要注意的是，从2018年开始，地方债务结构在发生改变：一般债规模迅速下滑，专项债迅速增加。数据显示，2018年，全国地方政府一般债新增22192亿元，专项债新增19460亿元；2019年，一般债新增17742亿元，专项债新增25882亿元；2020年，一般债新增下降到9800亿元，专项债新增上升到37500亿元。

这是为什么？

一般债依托于地方一般公共预算收入，专项债依托于土地及项目收入。我们看2020年的全国一般公共预算收支，收入18万亿元，支出24万亿元，赤字逾6万亿元。再看地方一般公共预算收支，收入10万亿元，支出21万亿元，赤字逾11万亿元。这给一般债融资带来难度。

实际上从2018年开始，在宽货币宽信贷的支持下，地方财政又从土地财政货币化转向“双支柱”：土地财政货币化和专项债。

2020年，土地财政达至巅峰。全国土地使用权出让收入8.4万亿元，创下了新纪录。土地使用权出让收入与地方一般公共预算本级收入的比例上升为84.03%。土地财政依赖度超过100%的城市有20个，土地财政依赖度超过50%的城市有40个。同时，这一年，专项债新增达到3.7万亿元，占地方债务的79%。

2021年，中央银行及监管部门出台政策深度整顿房地产市场。针对开发商的“三道红线”和针对房地产信贷的商业银行“五档分级”政策严格控制了房地产市场的流动性。全国房地产市场进入寒冬，恒大、华夏幸福等大型开发商爆发债务危机。于是，土地财政上演了最后的疯狂，大规模出让土地和22个重点城市的集中土地拍卖将土地出让金规模推至8.7万亿元之巨，2024年第一季度，地方财政从“双支柱”转向专项债。

2024年第一季度，全国房地产市场处于出清周期，土地使用权出让收入11958亿元，同比下降27.4%。但是，全国政府性基金预算支出24787亿元，同比增长43%。其中，地方政府性基金预算相关支出24534亿元，同比增长42.9%。第一季度全国政府性基金预算赤字达10945亿元。土地出让金收入下滑，靠什么来弥补这项赤字？

这部分在之前的文章讲过，那就是专项债。2024年第一季度，地方政府性基金的支撑从土地出让金收入转向专项债。2023年12月中央财政就提前下达地方2024年的新增专项债额度1.46万亿元。截至2024年3月末，已发行1.25万亿元，占提前下达额度的86%。2024年第一季度，全国土地使用权出让收入减少了3000多亿元，但专项债增加了1万多亿元。2024年一共发放3.65万亿元专项债，要求在6月之前把大部分债发下去。

接下来，政策会调整吗？

03
改革

现在进入一个关键期：专项债支撑的基建投资能否稳经济？专项债能否让房地产软着陆？

这两个问题的判断，影响着下一步房地产及货币政策的调整。

中央财政主要来自税收，对土地出让金的依赖要比地方政府小得多。中央层面更关注整体宏观经济的增长与风险。房地产在2019年之前被认为是宏观经济增长的拉动力，但之后被认为是系统性金融风险的潜在诱因。2024年第一季度，政策倾向于大规模投资基建来支撑经济，而不是再次启动房地产。

地方层面分为两方面来看：省级政府近些年专项债规模大增，在一定程度上降低了对土地财政的依赖。省级政府更能够与中央保持对房地产的信贷控制定力。不过，省级以下的市县级政府，没有单独发行专项债的资格，对土地财政的依赖度非常大。同时，三四线城市是房地产价格和土地出让金规模深度下滑的地区，于是超过100个城市正在出台救市政策。

市县级政府的土地财政和税收收入萎缩，这会加大中央和省级政府的转移支付。中央财政压力会增加，同时省级专项债可能下沉或扩大化。最终，中央财政收入也需要地方税收来支撑，省级专项债主要靠土地财政及税收收入来支撑。接下来，继续加大基建投入是肯定的。刚结束的中央财经委会议强调全面加强基建，2024年计划投资规模超过1万亿元的就有四个省。但是，是否放松房地产信贷，重启房地产市场和土地财政，还在评估中。

总结起来，从1994年分税制改革开始，地方财政经历了税收、税收与土地财政、土地财政及其货币化、土地财政货币化及专项债四个阶段。地方财政收入对土地、货币及债务的依赖度越来越强。启用专项债的实质是试图利用省级政府财政信用来缓解地方财政对土地财政的依赖度以及债务偿付风险。当省级财政的专项债融资能力下降，地方财政不得不依赖于中央财政以及国债。这就上升到了政府财政的最高信用，即国家信用。

所以，债务不是解决债务的办法，终归要回到发展上来；财政、债务、房地产的问题需要一次触动灵魂的改革。这场改革的深度、面积和难度不亚于分税制改革。财政改革方面，笔者认为需要处理好四重关系：

（1）中央与地方的关系：重构中央地方财权事权。

1994年分税制改革后，中央地方财权事权不匹配的问题一直存在。地方财政的一般性公共收入占比偏低，支出责任则越来越大。

随着家庭收入的提升，民众对养老、教育、住房、医疗等公共用品的需求迅速增加。而这些支出责任大多落到地方政府身上。在四个账本中，养老和医疗的社会保障支出负担越来越重，目前接近30个省份社保处于亏空状态，这一趋势不断加剧；一般公共预算支出负担地方交通、教育、住房等公共设施和民生福利，这一项基本上是赤字状态，而且赤字率上升压力增加。

过去，中央财政一直在加大对地方的税收返还和转移支付力度，但更需要从制度上重新匹配从中央到省级再到地区县市级的财权事权。2024年，政府强调，要理顺界定省以下财政事权和支出责任。此举主要是为了防范地方债务风险，但还是要调整中央与地方的增值税、企业所得税分享比例，同时授权地方针对三套及以上的房产征收房地产税。

（2）政府与个体的关系：启用国有资本降低宏观税负。

中国存在国有企业和国有资产，国有资产的收入本质上就是财政收入。我们四大账本中，其中一个账本就是国有资产收支。我们统计宏观税负时有一个全口径，所谓全口径，除了一般公共预算收入外，还包括政府性基金收入、国有资本经营收入，一项是国有土地收入，一项是国有企业收入。按全口径统计，中国的宏观税负为35.2%，高于美国的26.3%。

接下来，财政改革的第二个方向是降低宏观税负。具体操作是，加大国有企业的利润和税收的征缴力度，降低个人所得税税率、企业所得税税率和增值税税率，降低社保缴纳比例，取消一切行政费用，启动流转税向直接税改革。

国有资产是全民资产，国有企业的利润和税收属于全民缴纳的税收，公平起见，可以采用阳光普照的政策。央企、国企每年上缴30%~50%的利润用于充实老百姓的社保账户，以缓解社保亏空和养老医疗难题，降低企业和家庭的负担。目前，地方财政四大账本中，国有资本经营收支最少，国企上缴利润的比例不足。

早在300多年前，古典主义先驱威廉·配第就在其著作《赋税论》中阐述了这一方法。威廉·配第在谈到如何才能更好地征税时，提出了另外一种办法：从英格兰和威尔士的全部土地中划出大约六分之一的土地，大约四百万英亩，作为国王的领地。国王收取地租，大约为两百万镑，作为税收以支持公共开支。

威廉·配第认为，国有地租等同于纳税，那么民众就可以免税，或减少纳税。他说，这种方法比较适合新的国家，比如爱尔兰。如果爱尔兰实施这种办法，那么任何在爱尔兰购买土地的人就都不必再缴纳原本英国缴纳的免疫税。

威廉·配第说："如果一个国家平时就把地租的一部分以征收土地税的形式留给国家，而不需要对国民征收临时的或突然的税收，那么，这个国家一定是一个幸福安康的国家。"①

当然，这种做法并不是有效率的公共财政制度。但它给我们的启示是：降低宏观税负，财政能少取则少取，能多保障则多保障。

（3）财政与银行的关系：使用法律手段约束财政纪律。

按照价格理论和科尔奈的理论，当今世界各国政府面临两大软约束：财政和货币，中国还要加上国有商业银行的信贷。财政、货币与信贷三大约束软化，容易击溃财政纪律，导致财政和货币失控。简单来说就是央行给国有商业银行贷款，国有商业银行给政府贷款。

即便按以上合理匹配中央地方财权事权，地方财政也不可避免地追逐土地财政和银行信贷。这是以上三大约束软化决定的。所以，土地财政并不完全是分税制改革的结果。

财政改革的第三项涉及银行制度改革。最先是国有商业银行市

① 威廉·配第. 赋税论[M]. 马妍，译，北京：中国社会科学出版社，2010.

场化和利率市场化改革。缺乏充分的银行竞争和市场化的利率价格，信贷就会陷入一放就乱、一管就死的陷阱。比如，过去房地产贷款迅速膨胀，如今划一道线，八大行个人住房贷款不能超过32.5%。利率失去价格柔性调节，房地产市场要么极速膨胀要么迅速入冬。所以要通过价格硬约束商业银行，进而硬约束政府债务扩张。

目前，财政和货币都没办法价格硬约束，开放经济体还存在一定的价格硬约束，但主要还是制度软约束。稍微有效的制度软约束是财政与央行各自独立。比如，全球各国央行通行的做法是货币政策目标指向通胀率，不能服务于政府目标。又如，分税制改革时，直接剥夺人行分行向中央及地方政府贷款的权力，这避免了财政赤字直接货币化融资。虽然是软约束，但财政纪律制度化还是有一定的效果，财政接受监督。

（4）财政与经济的关系：功能财政过渡到民生平衡财政。

财政支出作用于经济。是投资基建，投资产业，投资央企国企，提供养老、住房、医疗，还是直接给家庭发现金？到底哪一种方式好？

很多人用名义GDP来衡量。短期来说，政府更倾向于投资基建，投资央企国企，投资产业。通过投资基建和产业来拉动经济增长，这属于功能财政。当基建和产业投资收益率下降时，功能财政的冲动容易诱发债务风险。

其实，好的标准应该是家庭实际收入增加。将更多的财政投入养老、住房、医疗等社会福利，弱化财政拉动经济的目标，追求财政平衡和稳健。这种财政属于民生平衡财政。中国正处于“瓦格纳加速期”，政府的迫切任务是建立民生福利社会。增加医疗、教育、养老、住房的公共福利，切实增加普通家庭的收入。

财政改革的第四项是财政激励制度。激励地方政府财政收入更多来自税基扩大，而不是举债；激励政府财政支出更多投向民生福利，而不是投资领域；最终将地方政府的财政收入与家庭实际收入增加调到同一个频道上，从功能财政过渡到民生平衡财政。

他山之石

人是历史的产物。至少大多数时候，我们都习惯于观察、参考、借鉴他人的经验。

尽管欧美日经济体的发展历程、周期、制度、政治和社会结构与中国差异巨大，但是，我们依然可以从中获得不少启发。

更何况，人类的经济行为存在共性，例如，什么样的产权制度对人的行为具有激励性，这在诸多国家的经济实践中已经得到了充分的证明。

辜朝明与日本大衰退

辜朝明（Richard C.Koo），大概从2023年开始在中国经济学界走热，2024年大有破圈之势。一位教授不无夸张地说，现在中国有近一半的博士论文是关于辜朝明提出的资产负债表衰退。可见，当前的经济学界更贴近中国经济现实、关注经济走势。

本文从辜朝明及其资产负债表衰退概念出发探讨该如何应对大衰退。

01
大衰退

辜朝明，现任野村综合研究所的首席经济学家（不少人误以为其为野村证券首席）。他是中国台湾望族鹿港辜家的子弟，其父亲是台湾同胞，母亲是上海人。辜朝明在日本神户出生，在美国约翰斯·霍普金斯大学学习经济学，毕业后进入纽约联邦储备银行工作。

美国金融自由化要比日本领先几年，辜朝明对此有些想法并接下了“这个活儿”。

1984年，辜朝明加入日本野村。

回到日本工作后，辜朝明见证了日本的泡沫奇迹。1990年，泡沫破灭后，整个日本社会不知道接下来会发生什么，更没有预料到这场衰退持续如此之久。辜朝明坦言,“我根本不知道发生了什么”。[①]

不过，经济学出身的辜朝明具有相当的敏锐性，他很快发现日本企业正在集体疯狂地削减债务，尽管当时的利率持续下降，但企业依然在压缩资产负债表。

1997—1998年，辜朝明将这种现象概括为资产负债表衰退。接下来，他大量的工作是用资产负债表衰退解释日本泡沫危机后的长期衰退，同时以此为基础为日本频繁更换的首相提供政策咨询。

2008年，国际金融危机爆发后，辜朝明借此机会出版其资产负债表衰退理论，并且将资产负债表衰退上升为大萧条、大衰退的一般性解释理论，试图摘取“宏观经济学的圣杯”。因此，这本书英文版书名定为《宏观经济学的圣杯》，中译本为《大衰退：宏观经济学的圣杯》。

那么，资产负债表衰退如何引致大衰退？

辜朝明发现，在日本泡沫危机之后，信贷长期大规模萎缩，企业不再追求利润最大化，而是集体转向债务最小化。即便利率跌到

① 龚方毅，黄俊杰．对话经济学家辜朝明：一代人经历衰退，一代人重拾信心[EB/OL]. 晚点 LatePost，（2022-07-22）[2024-09-30].https://baijiahao.baidu.com/s？id=1738845401792182752&wfr=spider&for=pc.

零附近，企业也不借钱，而是赚钱还债。

数据显示，1990年日本泡沫破灭，企业的银行贷款和资本融资快速下滑。日本央行慢了半拍，从1991年开始降息，之后加速降息，到1995年利率已接近零。然而，银行贷款和市场融资规模却加速下降。1995—2005年，利率长期为零，日本企业“变本加厉”，新增银行贷款和市场融资规模严重缩减，长期负增长，在2002—2003年跌入谷底。直到2006年，新增银行贷款和市场融资规模才逐步转正。[①]

所以，从资产负债表衰退的角度来看，泡沫危机后日本的大衰退延续了15年之久，其中1995—2005年处于深度衰退期。

辜朝明发现了资产负债表衰退的现象，这无疑是一种出色的洞见。他在东吴证券（香港）策略年会上演讲时有些自豪地说：“甚至连凯恩斯也从未提出过资产负债表衰退的概念，尽管他试图解释世界上最严重的资产负债表衰退——大萧条。”

凯恩斯用流动性陷阱来解释大萧条，辜朝明则更进一步。资产负债表是一个更加真实的微观视角，通过分析资产与负债的变化，可以更好地观察市场微观主体包括企业和个人如何做出调整，以及这种普遍性的调整如何导致大衰退。

为什么日本企业持续收缩资产负债表？

简单一句话：为债所迫。

当泡沫危机爆发后，日本股票、土地等资产价格迅速缩水，击穿了资产负债表。数据显示，2002年，日本商业不动产价格、股票

① 辜朝明. 大衰退：宏观经济学的圣杯[M]. 喻海翔，译，北京：东方出版社，2016.

价格与泡沫巅峰时期相比缩水超过80%，大概1500万亿日元的资产“灰飞烟灭”。

在资产负债表中，资产价值大幅度缩水，但是债务是刚性的，债务不会大幅度减少，资产负债率大幅度上升，使债务迅速恶化。

这时，该怎么办？

辜朝明在《大衰退》中写道：“他将毫不犹豫地将企业盈利用于偿还债务。换言之，以负债最小化，而非利润最大化作为企业运营战略的首要目标。”①

其实，日本企业不仅将利润用于还债，还在大规模出售资产，终止未赚钱的业务，将资本集中在主业上，同时尽量减少借贷。

数据显示，日本金融业之外的所有利息费用在泡沫巅峰时期超过8万亿日元，到2002年只有2万多亿日元，而现在只有1万多亿日元。

日本企业努力地剥离终端业务，松下、夏普将亏损的家电、电子终端业务出售，而转型最艰难的是索尼。2003年，索尼公布2002年财政年度报表，亏损约1000亿日元，公司股票连续大跌，再次冲击脆弱的日本股市。

这次冲击被称为“索尼冲击”。“索尼冲击”基本上是泡沫危机后日本股票的低谷，而后日本股票开始修复、持续反弹，直到2008年国际金融危机爆发。

金融危机爆发后，辜朝明因推出他的资产负债表衰退理论而名

---

① 辜朝明. 大衰退：宏观经济学的圣杯[M]. 喻海翔，译，北京：东方出版社，2016.

声大噪。每当危机来临时，辜朝明的名字被提起的次数就明显增加，而资产负债表衰退成为经济学家观察经济衰退的一个重要视角。

辜朝明之所以在中国学术界、媒体界走红，是因为从2023年开始市场高度关注中国企业、家庭压缩资产负债表的动向。辜朝明在演讲时强调："如果每个人都开始同时偿还这笔钱，我担心中国会进入资产负债表衰退。"①

02
开错方

2024年第一季度，中国整体宏观杠杆率从2022年末的273.2%上升至281.8%，共上升了8.6个百分点。其中，非金融企业部门上升了6.1个百分点、居民部门上升了1.4个百分点、政府部门上升了1.1个百分点。

这说明中国三大部门仍然在扩表加杠杆，但是有些指标提醒扩表力度在下降。

惠誉博华发布的提前还款率（CPR指数）在2024年第一季度末达到14.45%，创近五年来的历史最高值。同期，个人住房贷款余额38.94万亿元，同比增长只有0.3%，增速比上年末低0.9个百分点。

2024年前5个月，个人按揭贷款10354亿元，但增值住户中长期

① 辜朝明于2023年6月27日在东吴证券（香港）策略年会上的演讲。

贷款（以房贷为主）只有9970亿元，二者差值为–384亿元，而上年同期差值为1648亿元，2021年差值为2.8万亿元。这说明2024年市场利率下降等因素可能刺激存量购房者提前还贷。

进入5月，政府资产负债表扩张力度似乎也在减弱。政府债券净融资5571亿元人民币（以下无特别标注均为人民币），同比减少5011亿元（前期基数高）；地方城投债净融资为–401亿元；地方专项债发行进度不及上年同期。

2024年上半年，政府、企业和家庭部门债务扩张动力均有所衰退，企业债券发行和家庭中长期贷款数据低迷，民间投资负增长，提前还贷现象明显。企业忙着清库存、卖资产，赎回流动性，还贷款、清债务，修复资产负债表，而减少借贷、投资与雇佣。

那么，该如何应对资产负债表衰退？

辜朝明认为，在资产负债表衰退过程中，货币政策无效，结构性改革无力，只能依靠财政政策。

在宏观经济政策的选择上，辜朝明与凯恩斯如出一辙。凯恩斯认为，由于存在流动性陷阱，降息效果不明显。辜凯二人均更加信任财政政策。辜朝明认为，在零利率状态下，企业还是不愿意借债、扩表和投资，政府则需要站出来扩大财政支出，以填补投资需求萎缩的空白。

辜朝明为日本多任首相提供决策咨询，他非常赞赏安倍政府扩大财政刺激经济需求的做法，推崇前日本央行行长黑田东彦实施收益率曲线控制政策，即强行压低国债利率，长期大举购买日本国债，为日本政府提供财政赤字货币化融资便利。

同时，辜朝明还在其书中严厉地批判了桥本龙太郎和小泉纯一郎这两届政府的结构性改革。这或许让一些经济学家感到困惑。辜朝明的观点是：“日本的问题80%是资产负债表问题，可能只有20%是结构性的。”[①]

基于对资产负债表衰退的一般性解释，以及对日本大衰退时期的施政经验，辜朝明为中国开出了“放之四海而皆准”的药方。

辜朝明认为：“如果中国的经济学家，尤其是政策制定者，能够意识到这个问题并知道如何应对它，也就是说，不要把时间浪费在货币政策上，不要把时间浪费在结构性改革上，而是应该将所有精力都放在财政刺激上以保持经济的运转。”

但是，相信很多人听到辜朝明对中国的建议后都会大吃一惊，他似乎完全不了解中国经济现状。

其实，辜朝明的主要问题是：他看到了症状，却把错了脉，还开错了药方。

传统经济学家从市场自由调节的角度去看待经济周期，对经济的波动“视而不见”。而凯恩斯、辜朝明不一样，他们善于发现经济周期中的波澜，但他们对经济现象的理解却容易出错。

辜朝明亲眼看见日本企业在零利率的情况下依然选择不贷款。这令他感到困惑，甚至稍许“愤怒”。他认为，如果一家企业连零利息的贷款都不要，那么说明这家企业没有盈利能力，也就没有存在的必要，而投资人应该收回资本，将资本投入到其他资产中。

---

① 辜朝明于2023年6月27日在东吴证券（香港）策略年会上的演讲。

在辜朝明看来，日本企业之所以不借钱、缩小债务而非扩大利润，是担心银行在审批贷款时发现自己的资产负债表处于技术性破产状态。

辜朝明在这个问题上所犯的错误与凯恩斯如出一辙。凯恩斯将窖藏的货币视为市场的“漏出”。实际上，个人窖藏货币是一种防御性储蓄，货币并未从市场中漏出，其承担着风险对冲的功能。炒过股的人都清楚，并不是任何时候都满仓压上，必要的储备资金有其价值。

只要经营过企业的老板都明白，一家企业并不是时时处于追逐利润的亢奋状态，它可能在某个时期会收缩资本、清理库存、出清债务，而这种调整是为了利润更持续稳健地最大化。

显然，辜朝明与凯恩斯一样都是“急性子”，他没有理解市场运作的内涵。就个体来说，资产负债表衰退并不特殊，也是市场出清的过程。但是，辜朝明的困惑是，为什么企业集体转向债务最小化。有时，微观个体的选择是对的，但宏观上却是错的。萨缪尔森将这种问题定义为合成谬误。于是，凯恩斯、萨缪尔森和辜朝明都认为这是市场的问题，即市场失灵。

通常，市场不会出现长期集体一致行动，尤其是长达十多年的资产负债表集体衰退。这说明市场出了问题，但不是市场本身失灵，而是干预力量让市场失灵。

日本之所以经历了漫长的资产负债表衰退，主要原因是之前泡沫太大、负债太多。20世纪80年代，日本企业的借贷额约为GDP的5%~10%。而日本债务膨胀的原因并非市场自发，而是日本央行多年实施低利率政策，刺激了企业大规模举债。

日本企业之前在利率政策扭曲下集体扩张资产负债表，泡沫危机后则集体转向缩减资产负债表。债务泡沫越大，债务陷阱越深。

在大萧条爆发之前，米塞斯和哈耶克提出商业周期理论，已经清晰地解释了央行货币政策如何引致经济危机，以及危机爆发后企业如何市场出清。商业周期理论认为，当政策利率低于自然利率时，低利率刺激企业扩张，大举借债投入远期资本品；当政策利率提升并高于自然利率时，流动性紧缩杀跌资产价格，同时被动抬升债务负担，企业不得不出清债务，出售远期资本品。

日本泡沫危机的根源是日本央行错误的政策引致企业集体加杠杆，之后被迫集体转向去杠杆。所以，在大衰退的过程中，政府的经济政策如何应对至关重要。正如希腊哲学家赫拉克利特所说的，“人不能两次踏进同一条河流”。

那么，何种政策才能避免大衰退？

03
一代人

辜朝明认为，货币政策是无效的。

这说明他并不完全理解资产负债表衰退与利率之间的关系。债务—通缩螺旋对政策利率下行具有强大的牵引力。当危机爆发时，资产迅速缩水，而债务具有刚性，资产负债率大增；由于经济陷入通缩，投资需求坍塌，自然利率下跌，如果政策利率不下调，市场真实利率和实际债务负担反升，债务风险就会进一步加大，将市场推入债务—通缩螺旋。

1990年，日本泡沫危机爆发后，股票和房地产价格大幅度缩水，自然利率下降，日本央行反应慢、未降息，企业实际债务负担反而增加、快速暴雷。1991年，日本央行慌不择路、快速降息，然后一路降息直至零利率、负利率。

实际上，过高的债务绑架了货币政策，债务—通缩螺旋牵引着政策利率下行，日本央行不得不降息。这个过程可以定义为“债务—通缩—降息”。降息或许“无效”，但不降息更危险。

央行追寻自然利率、降低利率，在帮助企业“洗债”，促进企业资产负债表修复，而降息洗债的本质是一种央行主导的集体“债务特赦”。企业扩表时，央行前主导了一场“债务冲锋”，奖励了银行系统；后主导了一场“债务特赦”，惩罚了银行系统。

央行降息的另外一个重要任务是避免资产价格崩溃。债务过高是资产负债表衰退的根本原因，资产价格崩溃是诱因，它直接摧毁资产负债表，将市场推入债务—通缩螺旋。日本泡沫危机的诱因，一是过度举债，二是资产价格一溃千里。一旦价格崩溃，信用崩塌，企业再难扩表。

辜朝明并未意识到货币政策在防止资产价格决堤中的重要性。辜朝明说，美联储前主席伯南克看了他的书，然后实施了救市政策。但是，伯南克的政策效果，并不是辜朝明理解的货币政策支持财政刺激，而是防止美股美债和房地产像日本那样崩溃。

辜朝明认为，最有效的政策是财政政策。财政政策的效果完全取决于政府施策的目的以及如何施策。

当大衰退发生时，财政政策的主要目的是增收降债，而不是简单地刺激经济增长。在资产负债表衰退过程中，如果政府还在扩表、借债投资，企业投资、家庭消费不跟进，那么库存定然高企，经济陷入通缩，公共支出乘数下降，政府债务加速恶化，最终“三表”沦陷。

当下，辜朝明建议中国政府加大财政刺激和政府投资，这显然是毒药般的建议。他不了解，中国庞大的地方债务构成了宏观经济的主要风险，同时正在对政府投资构成约束。

实际上，行之有效的财政政策是扩大财政支出和适当借债，直接增加普通家庭收入，给企业减负减税减债，帮助家庭和企业修复资产负债表。

辜朝明力挺安倍政府的财政刺激政策。实际上，“安倍经济学”的财政投资有限，大部分财政融资用于养老金的发放以及家庭福利改善。所以，安倍政府的财政政策确实是有效的家庭增收政策。

但是，安倍政府的问题是财政赤字货币化。黑田东彦主导的日本央行刻意压低利率为日本政府长期“输血”，结果日本政府过度举债、债台高筑，同时国债利率失灵，日元汇率脆弱。

辜朝明没有看到，过去30多年，庞大的债务一直压制日本央行的政策利率。1991—2005年，巨额的企业债务迫使日本央行快速降息至零利率；2006—2023年，取而代之的政府债务迫使日本央行长期维持零利率甚至负利率。如今，日本央行不敢轻易加息，也不敢轻易放开对收益率曲线的控制，以恐日本政府债务负担反弹。当日本国债被压制、利率失灵时，所有的压力集中在日元汇率上。

与很多经济学家更关注需求一样，辜朝明反对结构性改革，而理由无非是不存在结构性问题、改革“远水解不了近渴”。实际上，日本政府在20世纪90年代实施的“金融大爆炸”式改革以及汇率自由化改革是有效的，否则今日之日元汇率早已崩盘；同时，日本政府的科技改革促进了基础科研，帮助日本企业从上游核心技术领域转型，使日本企业今天依然保持全球顶级技术竞争力。在中国，结构性改革的空间、潜力更大。

那么，中国该如何应对资产负债表衰退风险？

当资产负债表衰退时，宏观经济政策的目的必须是降低债务负担、提高家庭收入——直接而不绕弯。围绕这个目的，可以实施以下政策：

（1）央行主动降息，以降低债务负担，避免资产价格崩溃。

当前，杠杆率逼近极限，大量资金用于借新债还旧债，最终滞存在银行系统，投资和消费被挤压，经济紧缩，资产和商品价格下跌，自然利率下跌，而真实利率、实际债务负担反弹。

2024年前5个月，私营工业企业资产负债率增加0.3个百分点至60.3%，高于整体以及其他性质工业企业的资产负债率，创下历史新高。所以，央行需贴近自然利率降息，降低实际债务负担，同时以低息债置换高息债，降低债务风险。

当务之急，一是降低存量房贷利率，打破存量房贷利率“一年一调”的黏性[①]，及时跟随LPR下调，降低家庭债务重担。二是设立结构性货币工具，为化解地方债务风险提供流动性支持。

降息还有一个重要任务就是避免资产价格崩溃。如今，中国的资产风险集中在房地产上。辜朝明研究发现，北京新房和现房价格水平正在逼近东京和大阪日本泡沫巅峰时的水平。与日本泡沫危机相比，中国房地产还未触发明斯基时刻，需要把握主动性，避免房地产崩溃一举击穿资产负债表，彻底关闭扩表大门。

（2）财政主动担当，直接增加家庭收入，降低企业税收负担。

从功能财政转向民生财政：收入端直接给中小企业减税免税降社保，为低收入家庭提供税收补贴；支出端从基建投资转向家庭福利，大规模节省低效无效基建投资、不必要的行政开支，给普通家庭发放现金及生育、养老、教育和医疗津贴。

建议从预期10万亿元转移支付中划拨2万亿元，或从预期15万亿元基建投资中节省2万亿元，或从4万多亿元国企利润中上缴2万亿元，直接无差异地发放给普通家庭。另外，可以加大国有资产充实社保的力度，大幅度提高农村家庭的养老金。

（3）最重要的是改革开放，对经济体制进行大刀阔斧改革。

推动财政、税收、金融、银行、利率、汇率、债务、国企市场化改革：用直接税替代间接税，降低家庭和企业负担；调整央地财权事权，用高信用国债置换地方风险债，加强财税收支、借债的法律监督；打破银行垄断，促进利率和汇率市场化，用价格约束政府

① 本文写作时政策还未出台，现存量房贷利率重定价周期最短为一年的限制已逐步取消。

过度借债、银行过度信贷和货币过度超发；打破国企行政垄断，吸引民营企业和个人进入，提高普通家庭收入。

尽管辜朝明“把错脉、开错方”，但是他对大衰退的研究值得我们敬畏。

樱花落尽，默语重生

2024年2月22日，日经225指数高开高走，盘中升破泡沫经济期的1989年12月29日创下的历史最高收盘价38915点，最终创新纪录收盘。

这是日本股票的历史性时刻。道琼斯指数重返大萧条前（1929年）的水平耗时25年，日经指数重返泡沫巅峰水平耗时34年。

2023年，日本经济在经历30年大衰退后奇迹般地走出通缩，名义GDP增速时隔46年后反超中国。2024年，日本股票重回巅峰水平。这预示着日本经济是彻底走出了大衰退，还是又一个大泡沫？

2019年，笔者写了一篇文章叫《平成三十年：樱花落尽，默语重生》，分析了大衰退时期日本企业如何转型。本文为“樱花”第二篇，从股票视角来理解日本经济。

01
樱花落尽

很多人对日本大衰退还停留在模糊的否定和略带嘲讽的意识中。日本到底是“消失”了十年，还是二十年，抑或是三十年？

从资产负债表的角度来看，日本大衰退的时间应该是1990—2005年。其中，1990—1994年属于资产泡沫崩溃并击穿资产负债表阶段。日本政府救市行动缓慢错过了时机，在股票暴跌后，日本政府还在继续推出严厉的措施打击房地产。1993年试图通过大规模增加基建支出来填补房地产崩溃带来的产出缺口。日本央行在泡沫危机爆发的第二年（1991年）开始降息，直到1995年才把贴现率降到零附近。

但，为时已晚。

1995—2005年是资产负债表大衰退的11年，是经典意义上（狭义上）的大衰退。辜朝明研究发现，这11年期间，日本非金融企业从银行借入贷款和从资本市场上募资都是下降的。也就是说，日本企业大规模减少借债投资，而集体转向还债。

资产负债表是理解大衰退的一个精准的微观视角。辜朝明在《大衰退》中举例，一家企业原本拥有价值100亿日元的土地，现在发现只值10亿日元，而资产负债表上依然保持着70亿日元的负债。①如此，这家企业不仅无法向银行借债，还担心银行发现这个大窟窿，

① 辜朝明.大衰退：宏观经济学的圣杯[M].喻海翔，译，北京：东方出版社，2016.

只能拼命还债，或者申请破产。辜朝明发现，除了丰田公司外，他所观察的大部分日本企业都因资产大缩水而导致资产负债表衰退，被迫缩减投资，集体转向还债。

当下中国需要警惕房地产价格持续下跌对资产负债表的冲击。这两年，全国各大小城市房价下跌10%-30%不等，意味着房地产资产整体缩水，贷款抵押资产也在减值，企业扩张债务投资的能力自然下降，经营贷续贷额度也可能下降，甚至还可能出现偿付风险。

1997年，亚洲金融危机冲击到日本，可谓雪上加霜。这场危机导致日本资产价格进一步下跌，债务形势加速恶化；同时也迫使日本企业放弃幻想，坚决转型。

2000年，美国互联网泡沫危机蔓延到日本，可谓四面楚歌。这场危机不仅导致资产负债表进一步恶化，还引发日本商业银行风险；同时也迫使日本央行大胆突破，不得不在黑夜中探索新工具拯救银行、拯救经济。

当时，日本商业银行购买了大量的股票，股票大幅缩水导致银行资产负债表恶化。在利率降到零后，形势不仅毫无起色还继续恶化，日本央行只能直接下场购买股票拯救日本银行。所以，日本央行是最早大规模启用量化宽松工具的央行。

2002—2003年，“索尼冲击”时期是大衰退的底部。当时，日本企业净债务偿还额上升至30万亿日元的空前规模，日本家庭资产（土地和股票）损失达到1500万亿日元的历史极值[①]，日经指数跌至

① 辜朝明. 大衰退：宏观经济学的圣杯[M]. 喻海翔，译，北京：东方出版社，2016.

泡沫崩溃以来的最低点，日本政府税收收入降至低点。

这时，日本真可谓“樱花落尽”。日本企业资产负债表规模大幅压缩，家电企业、电子企业丧失终端市场。通缩预期蔓延，风险偏好下降，创业热情熄灭，完美错失互联网浪潮。随着老龄化加速，投资欲望递减，消费降级，“断舍离”盛行。不少家庭陷入债务—通缩螺旋，前半辈子借钱，后半辈子还债，耽误了一代人的青春。

不过，经过15年时间，日本企业和家庭债务基本出清。2003年，日经指数开始触底回升，连续五年上涨；2006年开始日本企业资产负债表衰退停止，日本企业信贷和融资有所增长。从狭义上来看，日本经济从2006年开始逐步走出大衰退周期。

大病初愈，再遇不测。2007年美国次贷危机引发了国际金融危机，日经指数连续上涨的势头遭重创，创下泡沫危机以来的新低，连续五年低迷。这场外溢性危机中断了日本经济复苏的势头，也中断了日本央行在2007年初步退出量化宽松的计划。

对日本来说，这场危机将欧美经济体拉到与日本同样的衰退水平，并迫使欧美央行实施日本央行开创的大规模量化宽松和零利率、负利率政策。当世界正式进入“矮子中挑高个子”的游戏时，日本反而具备一些相对优势。日本政府在应对大衰退方面积累了足够的经验，美联储大规模量化宽松一定程度上也取经自日本。

在这个过程中，日本经济一个内在的挑战是老龄化和低生育率，日本政府不得不持续借入巨额债务以支付养老金。

2013年，日本开始实施“安倍经济学”，日本央行实施收益率曲线控制政策，为日本政府提供养老金融资，同时大规模买入日本

ETF，向金融市场注入大量的流动性，推动股票和债务价格持续上涨。

2013—2024年，日股与美股并驾齐驱，掀起了一波大牛市。这11年间，在全球主要股指中，涨幅最大的首先是纳斯达克指数，超过400%；其次就是日经指数和标普500，涨幅250%左右；最后就是东证指数和道琼斯指数，涨幅190%左右。其间，日股、美股的表现好于欧股，明显强于港股A股。

2022—2023年，美联储实施了近40年最激进的加息政策，日本央行依然坚持超级量化宽松。结果，日本经济奇迹般地走出通缩，甚至CPI快速上涨迫使日本央行不得不考虑退出收益率曲线控制政策和负利率政策。同时，2023年日本名义GDP增速达到5.7%（剔除物价后的实际增速为1.9%），时隔46年后反超中国。

2024年开年以来，日本股市气势如虹，日经指数上涨17%，力压美国三大股指，并突破泡沫巅峰时期水平，创下了历史新纪录。

该如何理解日股重返巅峰？如何理解日本经济？

02
默语重生

有人说，日本经济增速低迷，日股持续上涨，存在泡沫风险。如果考虑日元大跌，按照美元计价的日股价值要打对折。2013年"安倍经济学"应用至今，日元汇率（美元/日元）从86贬值到150。

这是否意味着日本股票资产中被注入了大量的泡沫?

判断是泡沫,还是价值,我们需要分析日本股票上涨的原因。过去11年日本股票持续上涨有三大主要动力:

一是海外投资者。

从持有量占比来看,外国投资者占比约30%,为最大的持有者;从交易量占比来看,外国投资者占比高达60%左右,远高于其他投资主体。①

千禧年互联网危机后,遭遇风险的日本银行和保险公司持续减持日本股票,而海外投资者迅速成为第一大持有者。2013年之后,海外投资者持有比例有所下降,净买入额逐渐降低,新冠疫情期间甚至净卖出,2023年在巴菲特带动下又大量净买入。整体来说,最近10年,海外投资者是日本股票最大、最稳定的持有者。

这说明海外投资者长期看好日本股票,也说明东京是一个国际化程度很高的金融市场。这得益于1998年日本开启的金融改革。金融是一个合约密集型市场,建立保护资本自由跨境流通的国际化的法律体系是关键。日本政府大幅修订金融法律,推动日元汇率自由化。

日本央行长期实施低利率政策,日元逐渐成为全球机构的融资货币。同时,日元持续贬值意味着日本资产价格对外下跌,吸引国际资本买入日本股票。比如,2024年2月,巴菲特的伯克希尔·哈

① 丁瑞,杨鑫,陈健恒,等. 中金·全球研究 | 国别研究系列之日本篇#1:重返历史舞台的日本股市[EB/OL]. 中金点睛,(2024-02-22)[2024-09-30]. https://mp.weixin.qq.com/s/AQ8VnEiXh2XTGKOqAkLq6w.

撒韦公司在日本以1%左右低利率发行约1.2万亿日元的债券，融资购入日本五大商社股票。

国际投资者是否担心日元汇率下跌导致投资收益折价？有风险，就有风险对冲。国际投资者大量使用汇率对冲机制来降低该风险。

有意思的是，与海外投资者相反的是，日本个人投资者持有的日本股票比例在过去20年间持续下降。自2013年以来，随着日经指数持续上涨，个人投资者持续净卖出日股，累计卖出量接近35万亿日元。每当日经指数大涨时，日本个人投资者都选择大举套现。

日本个人投资者卖出股票后投什么？海外金融资产。日本个人投资者做全球化投资、多币种对冲，过去十年，他们大量卖出日股的同时，持续增持美股美债等海外资产，累计买入10万亿日元左右。

二是日本政府，包括日本央行和养老金。

日本政府主导的日本信托是日本股票第二大持有方，占比约23%，它也是2013年之后日本股票最大的净买入方。

其中，日本央行大量买入日股ETF直接推动了股票价格上涨。截至2024年2月1日，日本央行累计买入的ETF账面价值约37万亿日元，市场价值约70万亿日元，涨幅近90%，同时日股的总市值约931万亿日元，日本央行的占比约为7.4%。①

日本养老金也是日本股票的主要投资者，其长期持有丰田、索尼、东京电子等龙头股。日本养老金最初主要购买固定收益类资产，

---

① 丁瑞，杨鑫，陈健恒，等. 中金 · 全球研究 | 国别研究系列之日本篇#1：重返历史舞台的日本股市[EB/OL]. 中金点睛，(2024-02-22)[2024-09-30]. https://mp.weixin.qq.com/s/AQ8VnEiXh2XTGKOqAkLq6w.

在应用“安倍经济学”后大量增持股票权益类资产，持有日本股票的资产占比从2014年的12%上升到2022年的25%。

而日本养老金背后的力量就是日本政府。过去20多年，尤其是2013年后，日本政府大规模借钱为养老金注资。从财政政策的角度来看，这是一种财政资金市场化政策。日本政府将大量财政资金注入养老金，让日本国民来支配，效率是最高的。这样操作有效地改善了日本家庭的资产负债表，尤其是老年人家庭，尽管日本家庭依然大规模储蓄。这又是一种财政政策货币化工具，它相当于日本央行通过养老金渠道为股票市场“放水”。

三是日本企业。

大衰退期间，日本大型企业尤其是科技企业、制造业企业，经历了艰难而成功的转型。经历了这场大风险，日本企业不再执着于市场规模，更加重视利润，在一个个小领域深耕核心技术、做到极致，这就是默语重生。

过去十年，日本股票上涨主要还是盈利驱动。这是日本股票的价值所在。中金公司的研究发现，以2012年末为100，截至2023年底，东证指数与日经指数的预期EPS（每股盈余）分别上涨至300和260左右，远高于美股与欧股。[①]2010年开始，日本大型制造企业和大型非制造企业利润率均持续上升，如今分别超过10%和8%。

① 丁瑞，杨鑫，陈健恒，等. 中金 · 全球研究 | 国别研究系列之日本篇#1：重返历史舞台的日本股市[EB/OL]. 中金点睛，(2024-02-22)[2024-09-30]. https://mp.weixin.qq.com/s/AQ8VnEiXh2XTGKOqAkLq6w.

日本企业回购是日本股票长牛的直接动力、最大动力。最近十年，日本企业盈利持续改善，并积极回购股票，股票回购累计金额接近日本央行累计购入ETF的两倍。2023年，东京证券交易所推动“日特估”，日本企业回购提速，总额高达9.6万亿日元，连续两年创新高。

概括起来，日本股票持续上涨，有宏观因素，即日本央行印钞购买股票；也有微观力量，即日本企业强劲的市场竞争力。根本来说，日本股票重返巅峰，是因为日本企业重返巅峰。

03 重返巅峰

日本出现长期大衰退，为什么日本企业竞争力反而更强？宏观经济与微观主体之间的温差为何如此之大？

1998年后，日本企业在资产负债表衰退过程中艰难转型，主要向两个方面转型：

一是退出过度多元化、亏损业务和终端市场，向中上游原材料、精密仪器核心技术领域转型。

松下、索尼、日立等日本家电、电子企业失去了终端市场，取而代之的是格力、美的、创维、小米、华为等中国企业。但是，日本企业并未消失，他们开始深耕核心技术。

如今，日本企业在半导体材料、精密仪器、工业机器人、生物制药、发动机等领域具有全球竞争力。以半导体为例，日本在几十种原材料中拥有很强的存在感。光刻胶领域有JSR、东京应用化工、信越化学；电子级硅晶圆领域有信越化学、SUMCO；半导体生产用特殊气体领域有大阳日酸、Air Water；CMP研磨剂和研磨垫有富士胶片、富士见。全世界半导体制造设备的企业排名前15中，美国6家，日本6家。日本的头部企业有东京电子、爱德万、尼康、SCREEN、迪思科、国际电气、佳能、东京精密等。①

在生成式人工智能革命时代，掌握半导体原材料和精密仪器的日本企业优势很大。与美股“七姐妹”类似，日本半导体等科技公司是这轮股票大涨的主要动力。高盛效仿美股“七姐妹”，列出推动日股大涨的“七武士”。它们分别是网屏公司、爱德万测试、迪思科、东京电子、丰田汽车、斯巴鲁和三菱商事。

二是向国际化转型，日本企业在大衰退时期，国内需求不足时选择出海，主动加入国际分工产业链，做全球化投资、多币种对冲。

日本企业拥有强烈的全球化意识，在几次经济低潮期都启动出海行动。日本企业对外直接投资从20世纪90年代中期的不到3万亿日元上升到2023年的25万亿日元。目前，日本上市公司70%的收入和利润来自海外市场，而20世纪90年代70%来自国内市场。

这就能够解释为何在过去十年时间日本宏观经济不够景气但日

---

① 李海燕.日本半导体产业的行与不行[EB/OL].财经十一人，（2023-12-13）[2024-09-30]. https://baijiahao.baidu.com/s? id=1786354991639615583&wfr=spider&for=pc.

股持续高涨，原因是日本股票的支撑不是日本经济，而是全球经济——日本上市公司在全球市场的竞争力和收益。

2023年第三、第四季度，日本扣除通胀的实际GDP连续两个季度环比下降，属于典型意义上的技术性衰退，但是糟糕的数据反而刺激日股上升。主要原因：一是日本经济不是日股的核心逻辑，二是经济衰退促使日本央行态度转鸽，日本央行反而反映日股走势在国内的核心逻辑。

从企业竞争力的角度，我们可以看出，与泡沫危机时期相比，即便日本股票的市值差不多，以美元计价的日本GDP规模差不多，但这是两个完全不同的经济体。

泡沫经济时期，日股市值前10的上市公司，6家是银行，泡沫成分更大。如今，8家都是制造公司、科技公司，而且都是全球化经营的跨国公司，如丰田、东京电子、信越化学等。

现在的日本，少了泡沫时期的外强中干，多了全球化时代的核心力量。

最后，我们还是要回答一个问题，即便有全球化的科技公司支撑，日股是否存在泡沫？

日本股票，有没有价值，看日本企业；有没有泡沫，看日本央行。

日本央行是否大规模向日本股市和债市注水，有以下几个观察视角：

一是日元贬值。

自2013年日本实施“安倍经济学”以来，日本央行大规模购买证券，日元对美元持续下跌，跌幅最大时达到100%。如果以美元计价，日本的股票、债券资产需要在现在的基础上打五折。

二是日本央行出售股票后的价格。

日本央行原计划在2016年后逐步出售股票，每年卖出量约0.3万亿日元，但按此节奏需要233年才能清空。中金公司的研究认为，“可能性较大的方法为今后日本央行将ETF打折卖给日本国民，例如，打八折（或更低）卖给国民，并规定在一定期限内只能分批小幅卖出等”。[①] 如果日本央行不再为日股兜底，日本股票价格还能维持多少？

三是日本央行退出收益率曲线控制，货币政策正常化之后的价格。

2023年日本央行行长植田和男走马上任，计划推动货币政策正常化，逐步放宽收益率曲线，然后退出负利率。日本货币政策正常化的道路也就是去泡沫的道路。但是，这条道路并不顺畅。这么操作可能导致日本债券持续下跌，进而引发持有大量日本国债的金融机构、养老基金和日本央行自身的亏损和资产状况恶化。

预计日本央行将退出收益率曲线控制政策，并且逐步加息，日本股票将出现震荡。

日本经济是否将迎来景气周期？

日本是一个心思细腻的民族。泡沫危机对日本国民信心的打击

---

① 丁瑞，杨鑫，陈健恒，等. 中金 · 全球研究 | 国别研究系列之日本篇#1：重返历史舞台的日本股市[EB/OL]. 中金点睛，(2024–02–22)[2024–09–30]. https://mp.weixin.qq.com/s/AQ8VnEiXh2XTGKOqAkLq6w.

不小，长期通缩已给日本国民造成了普遍长期的悲观暗示和心理压力。如今日经指数重回巅峰甚至突破历史高点，是否有可能提振日本国民预期、驱散心理阴霾？

日本已经走出大衰退周期，企业和家庭的资产负债表持续改善，而且企业全球技术竞争力强劲；但是，由于人口老龄化，日本经济实际增速依然较低。而真正的挑战在于日本政府债务规模庞大且与央行深度捆绑。

日本从走入到走出大衰退，给我们带来什么启示？

第一，日本政府在泡沫危机早期错过了救市机会，日本家庭和企业遭遇暴力去杠杆，日本陷入资产负债表大衰退。2013年实施“安倍经济学”后，日本政府和央行开始主动大规模扩表救市。在经济出现危机时刻，拯救家庭资产负债表是政府和央行的使命。

第二，在泡沫危机发生后，日本家庭大规模减持国内房地产，持续卖出股票（对股票不再信任，尽管日股近十年上涨），增持保险和养老金，配置美股美债等海外资产。如果一个经济体经济出现持续下行或大衰退，企业和家庭需要采取出海策略，进入国际市场，进行全球化投资、多币种对冲、跨代际配置。

这是一种“全球企业、世界公民”的自由意识。

大家治学

治学，“博学之，审问之，慎思之，明辨之，笃行之”。

观大家治学，如晨钟暮鼓、拂尘之音，往往雄浑悠远、激荡人心。

而相对其他学科的学者，经济学家们往往更有趣、入世。他们关注一块面包、一棵橘树的价格变动，也痴迷于丝丝入扣、一丝不苟的逻辑推演。

走近经济学家，触碰乐观、理性的人生之光。

科尔奈：经济如何转型

2021年10月18日，匈牙利科学院院士、哈佛大学教授雅诺什·科尔奈去世。这一消息在国内经济学圈引起一阵波澜，媒体亦纷纷刊登文章表达对这位东欧经济学家的缅怀与敬意。但在普通大众的层面上，甚至是在年青一代的经济学者中，科尔奈的名字已显得相当陌生。

在老一代经济学家心中，科尔奈或许是理解国家转轨的深刻视角。从20世纪60年代开始，东欧探索国家转型，匈牙利是第一个全面实施经济体制改革的社会主义国家。20世纪70年代末，中国启动改革开放，开启国家转轨之路。

国家为什么要转型？计划指令经济体制有何弊端？国家该转向何方？

作为东欧经济学家，科尔奈经历了匈牙利的经济改革，对计划经济的认知比多数欧美经济学家更加深刻与具体，同时更符合中国改革者的预期。在彷徨迷茫的20世纪80年代，科尔奈受邀来到中国参加巴山轮会议。科尔奈对吴敬琏、许成钢等一大批中国经济学家以及中国经济体制的改革影响深远。

今天，身处市场经济的人们也许认为，再研读科尔奈的著作已无必要。但是，现实的挑战正向我们显示出，科尔奈所描述的经济现象仍在不断地重演：短缺，尤其是能源短缺，以及软预算约束导致的债务危机、货币及资产泡沫。其理论框架在对上述经济问题的分析中显示出恒久的适用性与生命力。

01
短缺经济

不论是苏联、东欧的计划经济，还是中国的计划经济，都面临一个突出问题，那就是：短缺。某种程度上说，正是因物资短缺，甚至是极度匮乏，才促使这些国家在制度上大转型。

但是，短缺是如何造成的？

科尔奈在其《短缺经济学》一书中分析，短缺不仅是商品数量无法满足需求，同样也表现在人们不得不接受意愿之外的商品：包括质量更差的商品或者成本更高的商品。而两种情况都造成了消费者福利的损失。

在对短缺经济的分析中，“软预算约束”是科尔奈提出的最为重要的理论分析框架。“软预算约束”引申自微观经济学中的预算约束概念，以企业为例，企业的支出受到货币存量和收入的制约，超出范围的开支将给企业带来破产的风险。

而科尔奈通过观察市场经济转型中的匈牙利，发现国有企业在道德和财务上都有使其利润最大化的行为动机，但那些亏损的企业也没有破产倒闭，相反政府总是通过财政补贴、税收减免、放松信贷等方式对其进行救助。即使是在长期亏损之后，这些国有企业也能生存下来。而这种对救助的期待，最终在企业的生产经营与投资行为上留下了鲜明的印记。

比如，计划经济中的国有企业可能对成本与收益更加不敏感——反正亏损将由政府兜底。并且这些企业往往有很强的投资需求，相伴随的是比私有企业更低的投资效率。科尔奈将这类现象描述为“投资饥渴症”与“扩张冲动”。

在理论建立的早期，科尔奈将软预算约束产生的原因归为计划经济制度下，政府对企业的“父爱主义”，即国家与企业的关系类似家庭中的父子关系。一方面，国家对企业的经营活动通过计划、指令等方式加以控制，并通过税收、利润上缴等方式抽走企业的利润；另一方面，又对企业加以保护，随时准备着用各种可能的手段拯救陷入亏损困境的企业。在这样一种形势下，企业的独立核算不过是一种形式——获利的企业不能因为盈利而受到激励，利润会被转移以补足亏损企业的窟窿，长期亏损的企业也不会受到惩罚。这是一种道德风险。

科尔奈的软预算约束，也可以类推至价格理论中的奖惩功能。由于缺乏自由价格，无法启动灵活的价格奖惩，国企决策者无须承担相应而直接的后果。

不过，科尔奈也将短缺与价格机制联系在一起。值得注意的是，可能受兰格和瓦尔拉斯的影响，科尔奈最初认为，在信息充分的理想条件下计划手段可达到最优配置。这一均衡思想使其自由市场思想不够彻底，但其信息充分的假设实则认同哈耶克的理论。科尔奈在后期愈加意识到价格的分权机制是一种更优的配置方式。他指出，在缺少市场机制的情况下，经济管理部门主要不是根据价格信号，而是根据非价格信号了解到各种资源和产品相对稀缺程度的变化，包括生产、生活中经常碰到的“瓶颈”“波折”，这些现象可以反映出某些投入品的短缺。

更极端的情况下，经济管理者是通过如某段道路年久失修垮塌造成人员伤亡这样的事故，才能知道短缺已经到了相当严重的程度。这时候，计划制订者会紧急把资源调配到该处。也就是说，在价格机制不能充分发挥作用的市场中，也有非价格信号进行事后调节。但比起市场的自发调节，非价格信号无疑显得相对滞后、代价甚大，并且在调节效率上无法与价格相提并论。

所以，行政命令往往只能表达某种权力诉求和调节意愿，而无法如自由价格那般准确地反映市场真正的需求与供给信息，也无法像价格一样彰显奖励与惩罚之功能，更无法充分地配置资源。

从国企软预算约束到价格机制受阻，科尔奈很好地解释了计划指令经济时代的短缺问题。科尔奈反复警告后人，要记住那段历史，告别那段短缺的历史。

如今，全球主要国家都已进入市场经济时代，然而短缺依然没有远去，比如近期的全球能源短缺。近些年，全球主要经济体都采取行政干预的手段打压化石能源的供给，同时利用货币政策刺激需求，引发了严重的供给失衡和价格扭曲，导致了能源短缺。

2021年8月以来，产能不足，煤炭价格大涨，导致火电发电成本明显攀高。而由于长期存在的“计划电与市场煤”的矛盾，火电厂不能通过涨价转移成本上升的压力。这导致一个问题：每当煤炭价格大涨时，发电企业受到上下游的挤压，利润削减，便失去了发电的积极性。

随后，国家政策做出相应调整，加大了电力价格市场化改革的力度，扩大了电价浮动的范围（原则上不超过20%）。这项改革促进价格信号发挥作用，符合科尔奈对短缺经济的分析逻辑。如果要让这个逻辑更加彻底，在煤炭、电力整条链的市场准入方面也要加大改革，实现全产业链的自由价格和自由竞争。

与短缺相对的是过剩，科尔奈认为，计划经济体中短缺与过剩有时会同时出现，甚至出现某种互补性。对此他作了鲜明的描述：“工人正式被企业雇佣并准备在他的岗位上开始工作，但是没有任务，因为此刻材料短缺，这就是一种内部滞存（即在职失业）。”

计划指令容易出现木桶短板。在自由市场中，每个交易环节都是价格来调节的，不太容易出现原材料短缺、厂房过剩这种矛盾。但是，计划指令没办法做到每个环节的资源都是有效匹配的，常常出现资源错配。资源往往被集中在某些领域，导致严重过剩，而另一些领域则严重短缺。比如，大量水泥、煤炭投入到高速建设上，但是建成的高速没有车走，其他领域则水泥和煤炭短缺，工人也因材料短缺而“滞存”。

过剩，尤其是局部和临时性的过剩，常常是硬币的另一面。在短缺发生后，资源集中化的救火行动也随之而来。接下来的便是大量的过剩、浪费，价格短期内经历一场惊险的过山车游戏。

总结起来，在价格机制无法得到伸张时，计划指令会抑制资源利用效率，导致长期的短缺；同时也会引发资源错配，导致一些领域资源严重过剩，一些领域资源更加短缺。

所以，科尔奈的短缺经济问题以及软预算约束的追因，可以用价格的信号、奖励与资源配置三大功能来解释，后人将科尔奈的思想拓展到了经济学的一般性上。

距离科尔奈最初提出这一分析框架的20世纪80年代，已过去近40年，软预算约束的问题已经从企业领域蔓延到公共领域。从金融危机、欧债危机，到美联储的量化宽松，财政与货币的约束软化似乎已经成为这个时代的流行病。

如果企业预算约束变软将导致生产效率低下与经济短缺，那么政府与央行的约束变得越来越软又会对整个社会经济带来什么样的影响？这是科尔奈当年没有回答的问题，如今我们需要自己找到答案。

02

约束软化

当下公共领域预算约束软化的主要领域集中在国家主权债务以及地方政府债务领域。

2009年，受国际金融危机的波及，欧洲发生主权债务危机，除爱尔兰、冰岛等经济体量较小的国家，如西班牙、意大利等传统上的欧洲经济强国也发生了主权债务违约。受此拖累，欧洲大陆比危机发源地美国更晚走出经济危机阴霾。面对如此大规模的主权债务违约，国际社会亦仿佛发现了某种新事物，给予了充足的关注。

但放大到更长的历史维度看，国家发生主权债务违约并非什么新鲜事儿。根据哈佛大学肯尼迪政府学院国际金融体系教授卡门·莱因哈特的统计，从1800年算起，亚洲、欧洲、拉丁美洲都是债务违约的重灾区。其中西班牙以13次债务违约或重组位居榜首，法国紧随其后，债务违约8次。希腊有一半的时间都处于违约或重组中，葡萄牙发生债务违约或重组也有6次。部分拉美国家处于违约状态的时间占比近40%，其中包括墨西哥、秘鲁和哥斯达黎加。

莱因哈特也很好地解释了主权债务违约频发的原因："从主权债务危机的历史实践来看，主权债务的偿付主要取决于国家的偿还意愿而非偿还能力。"数据显示，一半以上的债务违约和重组发生在债务与GNP比率低于60%的情况，约20%的债务违约甚至发生在债务与GNP比率低于40%的情况。

这说明，大部分情况下，如果能够承受足够的痛苦，有决心的债务国通常可以还清外债。问题在于"可以承受的痛苦"与"还清债务的必要性"之间的衡量，需要依靠领导人自身的理性来做出判断。20世纪80年代，债务危机期间，罗马尼亚总统尼古拉·齐奥塞斯库执意在短短的几年时间内，偿还其贫穷的国家所欠下外国银行的90亿美元贷款。罗马尼亚人不得不度过缺乏暖气的寒冷冬天，而且由于供电不足工厂被迫减产。

如今，面临这种情况，债务重组似乎成为唯一的选择，很少有国家愿意勒紧裤腰带偿还外债。

这并不难理解，正如1967—1984年时任花旗银行董事长的沃尔特·瑞斯顿所言，“国家不会破产”。实际上，哪怕国家可以破产，其破产也注定与企业破产不同。在企业和个人破产中，债权人通常能够拥有明确界定的权利，使他在债务人破产时能大量接管债务人的资产，并有权分享债务人未来的收入；而在主权债务合同中哪怕有着相似的约定，合同也很难得到执行。当今世界，尚不存在有效的超国家的法律框架来保障主权债务合同的执行。甚至在债务重组时，为了保证主权国家债务的可持续性，债权人也不得不在利息、还款期限上做出巨大让步。

既无破产机制，又可以以“赖账”要挟进行债务展期、债务和解，这导致主权国家很难在收入内进行开支，甚至支出远超收入能力，也就是说，主权国家的预算约束是软化的。

这就导致一国在外债上，常常踏入债务违约的境地。而由于屡被“保释”而没有付出真正的代价，债务违约的内在原因往往得不到解决。

以希腊为例，2010—2018年，为帮助希腊走出债务危机，国际货币基金组织、欧盟及欧洲央行先后对希腊展开3轮债务救助计划，总计向希腊政府提供约2890亿欧元。其中，第三轮救助计划包括：将希腊960亿欧元贷款的还款期延长10年，利息偿还也宽限10年；

为希腊提供150亿欧元的救助款项，帮助希腊增强“现金缓冲”。

2018年8月，欧盟正式宣布结束三轮救助计划，希腊长达8年的“经济伤口”已经愈合。

但希腊真的变得更好了吗？真的拥有了更严格的财政纪律、更合理的福利政策、更高效的税收体系吗？也很难说。

2020年底希腊政府公共债务存量达3740亿欧元，以2020年希腊国内生产总值1685亿欧元计算，希腊债务水平占GDP的比重达到创纪录的222%，债务水平首次突破200%，甚至远远超过2009年底希腊债务危机爆发时的129.7%。并且，希腊政府为应对新冠疫情而采取的经济刺激和财政帮扶措施导致政府开支大幅增加，政府财政状况由基本盈余（不含利息支付）重新陷入基本赤字。讽刺的是，按照此前第三轮救助计划的要求，希腊必须直到2060年都要保证基本财政盈余。

地方政府层面同样存在预算约束软化的问题。只是不同于对国家的主权债务管束难在还款层面，对地方政府的债务管束则难在借款上。主权国家往往在国际资本市场上进行融资，受到各方面的监督，地方政府的债务以内部债务为主，相对债务透明度更低。

一般来说，我国地方政府债务可以被分为显性债务与隐性债务。目前来看，地方政府显性债务风险相对可控。以政府债务率来衡量，IMF给出的风险控制参考区间为90%~150%，我国将地方政府债务的整体风险警戒线定为100%。数据显示，2020年，31个省份中，28个省份的债务率都位于100%上下，只有天津、贵州和内蒙古三地的债务率超过120%。也就是说，大多数地方政府的显性债务风险仍是可控的。

隐性债务问题更为复杂。1994年实施分税制改革，同时全国人大通过了《中华人民共和国预算法》，规定地方在预算中不列赤字，除法律和国务院另有规定外，地方政府也不得发行地方债券。此后，地方政府财政收支矛盾不断拉大，部分无法解决融资需求的地方政府开始成立地方融资平台，城投公司就是其中代表。

2008年，国际金融危机爆发后，中央政府推出4万亿元财政刺激计划，地方政府则由于刺激政策的配套资金需求收支缺口逐渐扩大，这一时期，地方融资平台进入扩张期。根据毛振华的研究数据，从2008年上半年到2010年末，全国融资平台数量从大约3000家增加到6576家，贷款余额也迅速膨胀，到2010年末，地方融资平台债务中政府负有偿还责任的部分已经达到4.08万亿元。

为了控制风险，中央收紧了信贷。商业银行开始将资产负债表内业务移到表外，以规避监管。这一时期滋生了大量的影子银行。此后，政府引导基金、PPP项目、政府为国企提供担保等均导致政府债务的隐性化。同时这部分债务的规模也变得难以测算。

隐性债务的扩张往往不受地方政府创收能力的限制，也难受到表内的监管，在这种情况下，地方政府面临的预算约束自然是软化的。软预算约束容易使地方政府控制财政开支的意愿降低，从而导致地方过于依赖用财政刺激手段发展经济，提振地区产业发展可能变成相对低优先级的选项。在这种情况下，政府的为私营部门自由竞争创造一个有利环境的决心也会下降。

03
制度范式

1968年，匈牙利成为当时社会主义阵营中第一个实施全面经济体制改革的国家。科尔奈就是这场改革的设计者和策划人。他最初认为，只要用市场替代了计划，大多数计划体制问题都可以解决。

但是，这项改革推进十多年后，科尔奈发现，匈牙利并没有像资本主义国家的市场经济那样运行。相反，软预算约束和短缺经济没有得到完全改善。

他进入了一个更深层次的思考，那就是制度范式。他指出，经济增长有时候会让我们掉入一个陷阱，一个制度的陷阱，而且不能自拔。我们不能依赖这种事实：经济增长非常迅速，它会把我们自动带入制度改革。

科尔奈为此还经常批判欧美经济学家对转型国家“一放了之”的简单策略。在1999年第五次诺贝尔经济学论坛上，作为本次论坛的唯一主题演讲者，科尔奈讲述了经济转轨，狠狠地批评了包括在场的众多经济学家对转轨国家不负责的改革建议。科尔奈的观点是，如果没有制度改革和法律约束，私有化改革会出现大量的腐败、不公平等问题，软预算约束也得不到改变，经济转型不必然促进政治转型。他的学生许成钢猜测，正是科尔奈不留情面的批判导致他错失了诺贝尔经济学奖。

科尔奈所提出的正是转轨型国家面临的最为困难的问题。制度的改革才能约束公权力滥用，进而遏制转轨型国家的预算与腐败问题。不过，当后来的学者将软预算约束扩展到西方发达国家时，经济学家对约束软化的一般性有了更加深层次的认识。

制度的约束固然是重要的，但是制度永远无法做到硬约束。美国是世界上法律最为完善的国家之一，其“三纵三横”的国家制度将政府权力拆解与制衡，但是依然无法有效地约束政府花钱。债务上限的提高和暂停是最典型的软预算约束。预算法规定了联邦政府每年的借债上限，但是奥巴马政府时期，国会又通过了另一项法令，允许联邦政府暂停债务上限约束，在暂停期内继续借钱。回看历史，联邦政府的债务上限不断被突破，借债规模越来越大。这是为什么？

我们需要理解软约束的本质。我们先看硬约束，硬约束即个人的权责利高度匹配的约束规则。自由市场是一种天然的硬约束机制，个人产权归属明确，个人决策都会有对应的价格奖励与惩罚。通俗来说就是，自己为自己的行为买单，这就是硬约束。软约束则相反，自己的行为可能由他人买单。这种情况一般发生在非自由市场的公共用品领域。比如，国有企业是一种公共用品，决策者的错误最终由政府的公共财政买单。政府的债务也是一种公共政策，每个人都希望从政府财政中获利，但都不认为自己需要（更多地）承担偿还责任，自然默许或放任政府借钱。

政府财政作为一种公共用品，缺乏天然的刚性约束，当然也不是无约束，属于制度下的软约束。问题是制度也是一种公共用品，一旦制度被突破，预算约束也就自然软化。

还是以美国的债务为例：美国政府能够大规模借钱，重要原因是美联储大规模印钞，为什么美联储会大规模印钞？表面上的原因是美联储的权力约束不够，其货币政策目标多元化，美联储的权力空间很大，可以为政府债务融资，也可以为大型企业贷款。而根本原因是，美联储作为美国的央行，也是一家公共机构，法定货币的铸币权是一种公共用品。

其实，几乎所有人都清楚，美联储不能无底线印钞，美国政府也不能无上限借债，但是大多数人都默许美联储和联邦政府这么干。尤其是2008年国际金融危机后，美国民粹主义泛起，很多民众看到美联储和美国政府在救助大型企业，他们也要求政府救助，提供更多的社会福利保障。从奥巴马政府开始，联邦政府和美联储都在迎合民粹诉求，不断地印钞和借债，用于社会保障方面的财政预算大幅度增加，债务规模和货币发行量迅速翻倍。这就是在公共用品领域，“搭便车”动机引发的“公地悲剧”。

所以，美国政府的财政预算约束软化，美联储的货币发行约束软化，归根结底还是公共用品不存在刚性约束。如今，全球主要国家形成了“财政—货币—商业银行”的传导机制，使预算、货币与信贷约束软化，导致了今天的大泡沫、大债务经济。需要指出的是，1844年英国政府主导建立央行和法定货币制度时，与私人银行做了一笔交换，英格兰银行在经济出现危机时有责任给私人银行提供贷款。这就是最后贷款人原则，全球主要国家的央行都启用了这一规则。最后贷款人原则和央行对货币市场的干预，导致商业银行“婴儿化”，原本市场化的硬约束开始软化。利率价格被扭曲，商业银行的自主决策被干预，商业银行遭遇风险又能够向央行求助。如今的美联储已经沦为“最后的买家”。这就是所谓的道德风险，本质上是公共用品的约束软化。公共用品规模越庞大，公共权力的边界越大，约束软化问题越大，短缺、低效、错配与债务风险越大。

科尔奈的软预算约束问题，不是制度范式能够解释和解决的，可以通过价格理论来解释，也可以通过新制度经济学的“搭便车”“公地悲剧”和租值消散理论来解释。这就是科尔奈思想的一般性价值。

此外，说一下科尔奈对中国的影响。科尔奈对中国经济的影响不只停留于其理论成果被引入国内。实际上，他与中国经济学界一直有着深入的交流，此前他曾多次访问中国。

1985年，科尔奈受邀参加“巴山轮会议”，与国内经济学家一同交流彼时的中国经济状况，与未来的改革方向。这一会议此后被认为在中国经济改革史上意义重大，当时参会的年轻经济学家包括项怀诚、楼继伟以及郭树清等，之后都在政界获得了很好的发展。而科尔奈在哈佛授课时，许成钢、钱颖一、王一江、李稻葵都是他的学生，包括邹恒甫和胡祖六也曾旁听过他的课。美国的教授讲的内容让中国留学生们感到陌生，比如教授在讲货币政策时，当时中国连央行都没有。不过，科尔奈讲的计划经济短缺、国企软预算约束和投资饥渴症让中国留学生感同身受。

之后，科尔奈经常来中国，与中国经济学家长期交流，同时高度关注中国的国家转型。他曾经指出：依赖公共部门的扩张、国有企业和国家投资来发展经济是一种低效且失之偏颇的解决方法。私营部门和私人投资在自然进化过程中发挥着关键性作用。此外，他还提醒："不良贷款作为软预算约束的一种表现形式，也困扰着中国经济。"